[MIRROR]
理想国译丛
051

想象另一种可能

理
想
国
imaginist

理想国译丛序

"如果没有翻译,"批评家乔治·斯坦纳(George Steiner)曾写道,"我们无异于住在彼此沉默、言语不通的省份。"而作家安东尼·伯吉斯(Anthony Burgess)回应说:"翻译不仅仅是言辞之事,它让整个文化变得可以理解。"

这两句话或许比任何复杂的阐述都更清晰地定义了理想国译丛的初衷。

自从严复与林琴南缔造中国近代翻译传统以来,译介就被两种趋势支配。

它是开放的,中国必须向外部学习;它又有某种封闭性,被一种强烈的功利主义所影响。严复期望赫伯特·斯宾塞、孟德斯鸠的思想能帮助中国获得富强之道,林琴南则希望茶花女的故事能改变国人的情感世界。他人的思想与故事,必须以我们期待的视角来呈现。

在很大程度上,这套译丛仍延续着这个传统。此刻的中国与一个世纪前不同,但她仍面临诸多崭新的挑战。我们迫切需要他人的经验来帮助我们应对难题,保持思想的开放性是面对复杂与高速变化的时代的唯一方案。但更重要的是,我们希望保持一种非功利的兴趣:对世界的丰富性、复杂性本身充满兴趣,真诚地渴望理解他人的经验。

理想国译丛主编

梁文道　刘瑜　熊培云　许知远

[美]弗朗西斯·福山 著　　刘芳 译

身份政治：
对尊严与认同的渴求

FRANCIS FUKUYAMA

IDENTITY:
THE DEMAND FOR DIGNITY AND
THE POLITICS OF RESENTMENT

中译出版社

Identity: The Demand for Dignity and the Politics of Resentment
by Francis Fukuyama
Copyright © 2018 by Francis Fukuyama
All rights reserved

著作权合同登记图字：01-2021-2914

图书在版编目（CIP）数据

身份政治：对尊严与认同的渴求 /（美）弗朗西斯·福山著；刘芳译. -- 北京：中译出版社，2021.10（2025.2重印）
ISBN 978-7-5001-6686-3

Ⅰ.①身… Ⅱ.①弗… ②刘… Ⅲ.①身份—研究—美国 Ⅳ.①D771.26

中国版本图书馆CIP数据核字(2021)第123501号

出版发行／中译出版社
地　　址／北京市西城区车公庄大街甲4号物华大厦六层
电　　话／（010）68359376，68359827（发行部）；（010）68003527（编辑部）
传　　真／（010）68357870
邮　　编／100044
电子邮箱／book@ctph.com.cn
网　　址／http://www.ctph.com.cn

责任编辑／温晓芳
封面设计／陆智昌

排　　版／李丹华
印　　刷／山东临沂新华印刷物流集团有限责任公司
经　　销／全国新华书店

规　　格／965mm×635mm　1/16
印　　张／15.25
字　　数／170千字
版　　次／2021年10月第一版
印　　次／2025年2月第四次

ISBN 978-7-5001-6686-3　　　定价：68.00元

版权所有　侵权必究
中译出版社

导读
一个及所有"我们"

刘瑜

要理解《身份政治》一书的出发点，不妨从两个现象说起。

一个是"'伊斯兰国'的欧洲志愿者"现象。根据国际反恐中心 2016 年的一个报告，欧盟成员国中有四千人左右奔赴中东参加"圣战"，其中英国七百多个，法国超过九百个，比利时五百个左右……在此，尤值一提的恐怕是丹麦——在其著作《政治秩序的起源》中，福山曾提及，由于丹麦的政治典范意义，政治现代化的问题可以被表述为"如何到达丹麦"的问题。在这个"典范国家"，2011 年以来，有一百二十五个志愿者奔赴中东参与战斗，其中大部分是加入"伊斯兰国"，已有二十七人死于自杀袭击。引人注目的是，这些志愿者大多是生于长于欧洲的穆斯林移民后裔。

另一个现象，则是"共和党的蓝领工人支持者"现象。在 2016 年的美国总统大选中，62% 的白人蓝领工人把选票投给了共和党候选人特朗普，成为他胜选的决定性力量。不过，特朗普并非那个"为共和党赢得蓝领工人"的领袖。1980年以来，里根、布什父子、麦凯恩、罗姆尼等共和党候选人都曾赢得多数蓝领工人的选票。换言之，工人阶层从民主党倒向共和党，是过去四十年左右的趋势，而非源于特朗普的个人魅力。

为什么把这两个现象放到一起？表面而言，欧洲的"圣战"志愿者和美国的蓝领工人，二者风牛马不相及，但他们有一个共同点，即，其政治选择似乎都与其直接"利益"背道而驰。就那些"圣战志愿者"而言，这些年轻人在欧洲可以说衣食无忧，至少物质生活水平远远好于战火纷飞的中东，但他们义无反顾地"弃明投暗"。事实上，有研究显示，就每万人的"圣战"输出者而言，发达国家居然显著高于发展中国家。就那些"共和党的蓝领支持者"而言，纯粹从利益角度来看，他们的投票方向也令人费解：民主党才是那个更支持工会、更主张提高最低工资、更主张扩大政府医保、更支持扶贫济弱的政党，也就是更合乎蓝领工人的利益。但是，近年，他们中的多数却摒弃了利益考虑，"非理性"地给共和党投票。

为什么？为什么这两个群体会选择如此"非理性"的行为？这个问题，以及无数与此类似的问题，或许正是福山写作《身份政治》一书的初衷。

一 从左右之争到身份政治

"身份政治"（或者说"认同政治"）的崛起，是后冷战时代的新现象，令很多人措手不及。此前，全球政治斗争的主线是"左右之争"。1989年苏东阵营解体,宣告冷战的结束,人们似乎有理由欢庆一个"理性时代"的到来。也正是在这个时刻,福山写下了著名的《历史的终结与最后的人》(后文简称为《历史的终结》)。在其乐观主义的论述中,历史正在走向终结——这当然不是说制度竞争已经消失,而是指制度竞争背后的观念竞争正在消失——全世界所有的制度都声称自己是民主制度,这一话语策略本身,正是这一观念竞争终结的表现。

然而,此后,历史并没有终结,它只是切换了一个跑道而已——确切地说,政治斗争的主线从意识形态上的"左右"变成了身份认同上的"族群"。有时候,这种高涨的族群意识体现为民族主义或种族认同,有时候则体现为宗教情感,还有时候体现为性别或性取向意识,等等。人们惊异地发现,即使摆脱了意识形态教条,人类社会也并没有走向一种普遍的理性主义,而是陷入了一种碎片化的、易燃易爆的"新部落主义"。

只有理解了这种"新部落主义",才能理解上述"非理性"的政治现象。尽管穆斯林后裔在欧洲衣食无忧,但或许是由于"边缘身份"所产生的怨恨,或许是西方原子化生活方式带来的失落,其中一些极端分子试图寻找"更温暖的集体"、加入"更宏大的斗争",而"伊斯兰国"恰恰以其狂热的团体性和清晰的意义感为这些年轻人提供了一个去处。同样,就美国的许多蓝领工人而言,尽管他们更可能从民主党的政策上获利,但是大量移民对其文化认同的威胁,以及某些进步主义话语对他们的妖魔化("白人垃圾"),使其宁愿倒向共和党来捍卫其身份认同。

显然，体现后冷战时代"新部落主义"兴起的，不仅仅是上述两个现象。放眼望去，无数国家的族群冲突都在死灰复燃。在印度，国大党独大时期的政治世俗主义日渐受到挑战，印度人民党所煽动的印度教认同重新点燃了印度教徒和穆斯林之间的冲突；在印度尼西亚，"各大宗教平等原则"逐渐被侵蚀，宗教保守派向司法系统施压，使印度尼西亚的宗教信仰环境变得更加逼仄；在南非，曼德拉和德克勒克所达成的妥协曾经是种族和解的传奇，但是近年，逆向种族主义政党不但开始壮大，也推动了非国大政府的民粹化趋势……总之，似乎各国民众都从一场"理性的昏迷"中苏醒，重新拥抱自身的族群身份，甚至将其开发为一种政治武器。

某种意义上，《身份政治》是《历史的终结》一书的"续集"。《历史的终结》收篇于"承认"这个概念，而《身份政治》恰恰从这里开始。尽管福山主要是个经验研究型学者，但其政治价值观始终在经验研究背后若隐若现。如果说这个价值观有一个核心概念，那就是"承认"。在黑格尔史观的影响下，福山始终认为，寻求相互的、对等的"承认"是政治制度演化的根本动力。根据这一观念，政治现代化就是在"承认的失衡"中寻找"承认的均衡"。宗教改革唤醒了个体的"内在自我"，启蒙运动则要求对这一"内在自我"给予外在承认，法国大革命进一步通过军事力量去落实这种承认。

这种为承认而展开的斗争，历史上曾有过各种形式。自由主义路径强调对"个人权利"的争取，因为在近代化的早期，"承认"的敌人是王权，所以"人权"是对"王权"的抵抗。

社会主义路径则强调"无产阶级夺权",因为当传统的王权隐退,有产者成为"无冕之王",于是,将"无冕之王"拉下马来,成为新的政治目标。到了 21 世纪,通向"承认"的斗争则聚焦于身份认同,这时候的敌人不再是王权或资本,而是"他者"或"想象的他者"。

这看似是一种政治上的"返祖现象",仔细想来却并不奇怪。冷战结束以来,人类历史进入了一个空前的"超级全球化"阶段。某种意义上,身份政治的崛起是对"超级全球化"的文化反弹。固然,这种反弹在各国以不同的形式展开,但无论是欧美的右翼民粹主义、俄罗斯的民族主义、印度的印度教复兴、匈牙利的基督教回归,或是土耳其的保守主义回潮等,都是在与"他者"遭遇的过程中,人们重新穿上"传统"的盔甲,抵御"自我的流失"。只不过,与启蒙时代作为个体的自我不同,这个时代的"自我"越来越具有集体的面目。

因此,为承认而斗争之所以无比艰难,未必是因为这场斗争遇上了什么坚不可摧的敌人,而是因为每一轮斗争的胜利都引入另一种形式的失败。自由主义的斗争打倒了王权,但是它引入了高度不平等的社会权力;社会主义的斗争能够"打倒资本",但它又可能引入高高在上的官僚权力;过度强调个人权利消解人的"归属感",过度强调"归属感"又可能抑制个体自由。承认难以达至均衡,最终未必是因为反动力量的傲慢,而是因为一种形式的承认和另一种形式的承认可能相互格斗、相互消解。

二 身份政治与当代政治危机

"新部落主义"是对冷战后政治乐观主义的沉重打击。近年，一个众所周知的全球性现象是"民主衰退"——无论是发达国家的政治极化，发展中国家的民主动荡或威权国家的威权深化，都呈现民主衰退的不同维度。何以如此？为什么人们无法肩负他们自己通过艰苦斗争所获得的自由？显然存在各种原因，其中最重大的，或许正是身份政治的崛起。各种被身份意识所点燃的政治激情，如同一场飓风，将一艘艘本来沿着启蒙理性道路前进的船只吹得七零八落、纷纷偏航。

首先，最引人注目的，显然是过去数年欧美的政治极化现象，也是《身份政治》一书的分析重点。就美国而言，20世纪50年代白人和少数族裔给两大政党投票的比例大体接近，但是，到了2020年的总统大选，90%的黑人、63%的西裔、67%的亚裔投票给了民主党，而56%的白人投给了共和党，两大政党的种族色彩清晰可见。固然，部分白人由于"相对地位跌落"而产生的怨恨是重要原因，但福山也没有将所有的责任推给他们。"对某些进步主义者而言，身份政治成了严肃思考的廉价替代物。"在他看来，民主党对身份议题的过度热衷导致了很多底层白人的疏离，而进步主义者们对美国传统的贬低甚至污名化更是令其愤怒。

同样引人注目的，是第三波民主化浪潮中的民主倒退乃至崩溃。从20世纪70年代中期起来，全球出现了一场史无前例的"民主转型大跃进"，短短四十年时间，竞争式民主政体从四十个左右升至一百个左右。然而,诸多新兴民主不是从此开始扬帆远行,而是纷纷重新落入水中。究其原因,身份政治仍然是核心因素。为什么埃及的民主只运行了两年就走向崩溃?因为脆弱的新生民主难以承受"政治伊斯兰派"和"政治世俗派"之间极度的撕裂。为什么伊拉克转型如此动荡?因为逊尼派和什叶派的冲突、库尔德人和阿拉伯人的冲突、极端逊尼派和温和逊尼派的冲突……在伊拉克处处点燃了战火。为什么津巴布韦在赶跑了白人殖民者之后,从非洲粮仓变成了世界通货膨胀之都?因为穆加贝成功将白人塑造成了一切政策失败的替罪羊……在这个过程中,政治精英通过煽动仇恨来实现权力的野心,与无数民众寻找"归属感"的渴望相互遭遇、相互成全。表面而言,各国政治戏剧琳琅满目,但归根结底剧情大同小异,多是身份政治的高涨堵塞了民主体制的优胜劣汰功能。

身份政治也恶化国际政治秩序,将政治极化从国内搬到了国际舞台。南斯拉夫解体过程中的民族冲突,酿成了二战结束以来欧洲最大的战火。"9·11"虽然只是二十个极端分子所为,却拉开了全球反恐战争的序幕。1994年的卢旺达屠杀,不仅杀死了数十万卢旺达人,也通过多米诺骨牌效应,在卢旺达、布隆迪、刚果、安哥拉、乌干达等国之间引发了"非洲世界大战"。"伊斯兰国"的崛起不但摧毁了数个中东国家,其难民潮也以一种巨大的涟漪效应恶化了欧洲右翼民粹主义。今天,中美矛盾不断反复与升级,也引发无数关于"修昔底德陷阱"的讨论。身份政治崛起之处,国际冲突的乌云就会开始聚集。

总之,无论是在发达国家、发展中国家或者国际社会,身份政治的激情都逐渐扩散为失控的大火，四处熊熊燃烧。在福山看来，将政治的核心议题从阶层转向身份，这是一封信被投寄到了"错误的地址"。真实的问题是全球各国不平等的恶化，是国家能力的缺失，是技术变革对劳动者的威胁，等等；但是，当下全球崛起的却是民族主义、宗教极端主义以及各种身份群体在"受害者金字塔"上竞相攀登。消防员在勇猛奋战，大火却燃烧在别处。

三 认同的理由与价值

然而，"错误的地址"又情有可原。

毋庸置疑，身份认同是"人性的处境"。每个人来到这个世界，并非以抽象的"个人"身份到来，而是与生俱来携带有一个国家、一个种族、一个民族、一个性别、一种语言，还常常有一个宗教……的印记，这些身份网络构成每个人自我塑造的基础。某种意义上，具有亲疏远近属性的认同圈层不但是"自然的"，甚至是"好的"，因为它"扩大信任的半径"，用经济学语言来说，它"降低交易成本"，用社会学家的语言来说，它"增加社会资本"，而用文学家的语言来说，它为过度理性的世界涂抹上一层友爱与温情。

现代化和全球化则进一步强化这种"人性的处境"。现代化意味着传统、稳定的社区纽带被打散，现代人的生活成为一场漫长的"流浪"，人们不断被抛入陌生的地点、陌生的群体、陌生的关系，"独自承受"一切挑战。这种原子化状态驱动着弗洛姆所说的"逃避自由"心理——人们试图在不断分崩离析的世界中抓住一点什么,哪怕抓住的仅仅是"想象的共同体"。全球化的加速,则不断延长"流浪"的距离,并通过更加辽阔的可能性增加自由的重量。于是,对自由的逃避成为一场竞赛,族群冲突成为这场竞赛中的踩踏事件。

当然,政治永远是塑造身份政治的核心力量。纳粹的兴起不仅源自欧洲历史上由来已久的反犹主义,而且源自希特勒集团有组织的仇恨煽动。前南地区的战争不仅仅是因为该地区各民族之间的敌意,也是因为政治领袖有意识地动员民族主义以争取选票。在殖民者已经离开几十年之后,津巴布韦黑人对白人的仇恨也不完全是自发情绪,穆加贝不断升温的仇恨教育才是核心动力。一百年前,世上并没有印度、坦桑尼亚、新加坡或印度尼西亚之类的国家,但是,新生的"国家"始终在通过教育、经济、官僚系统乃至暴力在老死不相往来的陌生人之间揉捏出国族认同。因此,当我们使用"想象的共同体"来描述族群认同时,或许始终应当追问:谁的"想象"?通过什么在"想象"?强烈的身份认同是人性的处境,更是政治的后果。

身份认同也不总是产生消极后果。历史上,在各种反殖民和反霸权的斗争中,民族主义往往是集体抗争最好的催化剂。拿破仑作为"马背上的启蒙者"能够一度在欧洲取得节节胜利,正是因为他唤醒了欧洲各民族的民族主义。20世纪印度的独立运动、中国的抗日斗争、非洲的反殖民主义、南非的反种族隔离斗争等,无不借助于各种形式的身份认同。到了20世纪后半期,以身份认同为动力的政治斗争,进一步深化为各种如火如荼的民权运动：女权主义、反种族主义、同性恋平权运动、移民难民的权利抗争等，无不彰显身份认同所能激发的政治爆发力。这些运动的成果显示，身份政治不但可能与自由、平等、博爱等启蒙价值相互兼容，而且是达至这些目标极其有效的动员加速器。

身份认同的价值不仅在于政治动员，也在于责任伦理的培育。诸多研究显示，在族群高度同质性的社会，人们对福利供给和公共服务往往更具热情，而在族群高度分裂的社会，人们则对财富转移更加保留。这一点不难理解——通常人们会对自己眼中的"同胞手足"更加慷慨，而对"非我族类"更加戒备。北欧各国的高税收、高福利之所以多年通行，或许正与其社会的高度同质性有关，而近年波及整个欧洲的难民危机，不但影响了北欧的政治生态，也可能会冲击这些国家的经济模式。进步主义者抱怨欧美底层民众对非法移民和难民的疑虑，然而，在资源稀缺的前提下，根据情感纽带的差序格局安排资源分配，不但是人性无奈的处境，也合乎先来后到的"排队"伦理。

四 身份的"多"与"一"

一方面，身份政治常常是各种暴力冲突和民主衰退的核心机制，另一方面，身份认同历史上又曾经是各种进步运动的助推力，如何理解这种矛盾？为什么有时候激烈的族群认同会孕育出纳粹主义或者卢旺达屠杀这样的洪水猛兽，有时候又成为反殖民主义和民权斗争的催化剂？在"好的身份政治"和"坏的身份政治"之间，存在什么样的区隔？

不妨观察一下塔利班这个组织的两面性。与今天我们心目中十恶不赦的形象不同，最初的塔利班是个抵抗苏军占领的组织。也就是说，在其先天的政治基因中，有其合理性的一面，它所争取的是"阿富汗的独立与自由"。但是，众所周知，上台后的塔利班成为一个残酷的压迫性政权，以其狭隘的原教旨主义教义作为执政方针，剥夺女性权利、打击宗教异己、禁止政治自由，并使阿富汗成为恐怖组织的避难所。

"进步的"塔利班和"反动的"塔利班，根本差异在哪？或许在于，前者所追求的集体自由，是个体权利的必要通道，而后者则以统一教义去压制个体权利。如果不驱逐侵略性的苏军，阿富汗的政治选项会被极大限制，公民权利被极大压缩，在这个意义上，解放阿富汗是解放每一个阿富汗人的前提，族群动员成为个体解放的必要通道。但是，驱逐苏军之后，塔利班根据极端教义制定法令，压制每个人的思想和行为方式，其自身成为个体权利最大的禁锢。换言之，身份政治具有天然的集体性，当这种集体性成为个体权利的辅助性力量，它往往呈现出"进步性"，而当这种集体性成为个体权利的压迫力量，它常常变得"反动"。

何以个体权利成为集体认同的尺度？根本而言，原因或许还是在于我们如何理解人的尊严：人到底应该通过什么获得"承认"？固然，如前所述，每个人都携带着特定身份来到人世间，这些身份给每个人提供一个作为初始设置的情感圈层结构和意义诠释系统。但是，人之为人的价值，到底是来自于某些固定不变的集体性特征,还是一个人突破"初始设置"、进行自我塑造的能力?如果我们认可人的价值之所以高于植物动物,恰恰在于人类自我塑造的能力,那么或许就不应把人的价值锚定在其"初始设置"之上。

这也是正是激进身份政治的问题所在。它过度强调每个人的初始设置,即一个人的种族、性别、民族、宗教或者性取向等特征,以至于将每个人视为特定集体属性的囚徒。当然,自我塑造并不意味着一个人摆脱其先天身份,成为一个抽象的、漂浮的个体——这就像摆脱历史一样不可能,自我塑造的含义并非抹去与生俱来的身份印记,而恰恰是在既有的身份属性之间取舍、排序、糅合,同时选择性地融入不同的"他者",从中创造一个独特的自我。先天印记是形塑"自我"的材料之一,但也仅仅是"之一"而已。

这并不是说,身份认同仅仅具有服务于个体权利的"工具价值"。毋庸置疑,由认同所凝聚的每一个社群,其内部的友爱与责任感具有"内在价值",人们甚至可能为了这种友爱与责任"让渡"部分权利(比如通过交税实现财富再分配),但是,"让渡我的权利"与"剥夺他人的权利"不同,前者基于自主选择,后者基于强制暴力。当一个人基于自主选择而让渡"个体权利"以实现"社群责任"时,他本质上还是在进行一种个体权利的实践,尽管其实践目的是他所珍爱的集体价值。

以对个体权利的尊重程度去衡量身份政治的利弊,使我们发现隐藏在"多"背后的"一"。近年,"多元文化主义"越来越成为多族群国家解决族群冲突的政治理念——人们越来越相信，文化融合或同化是不必要的，各个族群各美其美不但可能，而且多样性是力量的源泉。但是，"多"之所以能够和谐共存，是因为背后有个"一"，即，允许不同观念、文化和宗教并存的自由空间。没有这个"一"，"多"就成为撕裂性力量。塔利班不可能与基督徒共建"多元文化主义"，正如纳粹不会在"多元文化主义"的旗帜下与犹太人和谐共处。无视这个"一"，"多元文化主义"将蜕变为"文化相对主义"。

这种"文化相对主义"正是福山在书末所警惕的。相比"多元文化主义"这种方案，他更认可的是"信条国家"方案。在他看来，"自由民主国家有充足的理由不围绕一系列不断繁殖、外人无法进入的身份共同体来管理自己"，更好的策略是培育"信条身份"，即，"基于对宪政主义原则、法治、民主责任制以及人人生而平等的信条"来构建"我们"。换言之，"一"是"多"的前提，"多"是"一"的后果。

强调"信条身份"而不是"族群身份"，在这个时代似乎不合时宜，因为它看上去是在用某种文化霸权取消各种文化的独特性。这种看法低估了"多元主义"对自由空间的依赖程度——没有唱歌的自由，不会有摇滚、民谣、爵士、歌剧、流行歌曲等风格的多元；没有打球的自由，也不会有篮球、足球、羽毛球、乒乓球、橄榄球的多元。但是，自由从来不是一种"自然状态"，弱肉强食原则下的强权原则才是人类的"自然状态"，自由需要人为的力量去创设、去维护、去哺育、去教化。换言之，"信条身份"之所以比"族群身份"更值得强调，未必是因为对于每个个体它更重要，而是因为它的习得更加艰难。族群认同是在"人性的处境"中顺流而下,"信条身份"则是逆水行舟。

这或许才是"历史难以终结"的秘密所在。"信条身份"难以取得决定性的胜利,是因为它在持续地与"人性"作战——排他的天性、党同伐异的天性、信奉"非我族类,其心必异"的天性。遗憾的是,使我们爱的力量也常常使我们陷入恨,降低我们与同类交易成本的机制,可能会提高我们与"他者"的交易成本,当我们把同胞称为兄弟时,可能会情不自禁将"他者"称为"蛮夷"。

当然,即使今天身份政治所点燃的政治冲突令人应接不暇,过度的悲观则或许仍是过虑。纵观人类文明史,四百年前的宗教改革引发了血腥的宗教战争,三百年前奴隶制还在诸多国家盛行,两百年前女性几乎没有受教育权和就业权,一百年前人们还对同性恋讳莫如深……今天,这一切却都在急剧改观。这些蔚为壮观的进步或许说明,人类具有突破初始设置进行自我塑造的能力。穿过漫长的血与火的洗礼,人类终于慢慢意识到,在各种肤色、民族、语言、宗教的"我们"之下,还有一个更大的"我们",由人之为人的理性与同情心融合为一个一望无际的整体。自启蒙时代以来,这个"我们"已经走了很远,或许可以心怀忐忑地期待,它还将走得更远。

目 录

导　读　一个及所有"我们" i

前　言 001
第一章　尊严的政治 009
第二章　灵魂的第三部分 017
第三章　内在和外在 029
第四章　从尊严到民主 041
第五章　尊严的革命 045
第六章　表现型个人主义 053
第七章　民族主义与宗教 061
第八章　错误的地址 075
第九章　看不见的人 081
第十章　尊严的民主化 091
第十一章　从身份到种种身份 105
第十二章　我们人民 121
第十三章　人民的故事 135
第十四章　该做什么？ 155

注　释 173
参考文献 185
索　引 193

献给朱莉娅、戴维和约翰

前言

如果唐纳德·J.特朗普（Donald J. Trump）2016年11月没有当选总统，我不会写这本书。像许多美国人一样，我对选举结果感到吃惊，为美国和全世界因此面临的影响而不安。那是一年之内的第二次重大选举意外，第一次是英国前一年6月公投决定脱离欧盟。

我这几十年许多时候都在思考现代政治体制的发展：国家、法治、民主责任制最初如何产生、如何演变且相互作用，以及最后如何衰败。早在特朗普当选之前，我就撰文指出美国制度在衰败，因为这个国家愈发受制于强大的利益集团，被困在僵化的结构里，不能自我改革。

特朗普既是衰败的产物，也是衰败的推手。他竞选时承诺，身为局外人，他会运用民意给他的授权去撼动制度，使之恢复运转。美国人厌倦了党争僵局，期盼来个强有力的领导人，打破利益集团足以阻挠集体行动的局面——我称之为"否决制"，让国家再度团结起来。类似的民粹逆袭曾于1932年把富兰克林·D.罗斯福（Franklin D. Roosevelt）送进白宫，改写了此后两个世代的美国政治。

特朗普的问题是双重的，与政策和个性都有关系。他的经济民族主义可能会让支持他的选区状况恶化而不是好转，他明显偏爱威权强人胜过民主盟友，这可能会让整个国际秩序失稳。论个性，特朗普和人们心目中通常的总统形象很不一样。诚实可靠、英明决断、一心为公，以及最基本的道德准则，这些都是美国历史上的伟大领袖必备的美德；而特朗普关注的则是推销自我，他从不死守规则，会想尽办法达成目的。

特朗普代表着国际政治中所谓民粹式民族主义（populist nationalism）的大趋势。[1] 民粹主义领导人正在利用民主选举赋予的合法性巩固权力。他们号称可以通过号召力直接和"人民"（the people）建立连接，可这个"人民"往往是由狭隘的族裔概念定义的，大部分人口被排除在外。他们不喜欢体制，想削弱现代自由民主国家限制领导者个人权力的制衡力量：法院、立法机构、独立媒体、非党派官僚系统。

始于20世纪70年代中期的全球民主化浪潮现已进入我的同事拉里·戴蒙德（Larry Diamond）所说的"全球衰退"。[2] 1970年，全世界只有大约三十五个选举制民主政体，此后三十年，这一数字稳步增长，到21世纪初接近一百二十个。最快速的增长发生在1989—1991年，东欧和苏联共产主义政权的垮台引发了那片地区的民主浪潮。但是，自21世纪第一个十年中段以来，趋势逆转，民主政体总数在减少。

新的准民主国家,如突尼斯、乌克兰、缅甸,仍在艰难构建可运转的体制,自由民主并未在美国干预后的阿富汗、伊拉克扎下根,这不足为奇。俄罗斯重返威权传统,这并不完全出人意料。远比这些更出人意料的是,对民主的威胁竟然出自民主已经相沿成习的国家。匈牙利是最早发生剧变的东欧国家之一。它加入北约和欧盟时,看起来就像政治学者说的那样,是作为一个"巩固的"自由民主国家重返欧洲的。可是,在奥尔班及其青年民主主义联盟(Fidesz)的领导下,匈牙利带头走向奥尔班所谓的"非自由主义民主"。更让人吃惊的是英美两场投票,一个决定脱欧,一个选出特朗普。英美是民主的两大表率,是现代自由主义国际秩序的设计者,20世纪80年代,两国在里根和撒切尔治下引领了"新自由主义"革命。可他们自己似乎正扭头走向狭隘民族主义。

凡此种种,领我回到这本书的源头。我于1989年中发表论文《历史的终结?》("The End of History?"),1992年出版《历史的终结与最后的人》(*The End of History and the Last Man*),[3] 自那以后,常有人问我,某某事件是否推翻了我的论点。某某事件可能是秘鲁的一场政变、巴尔干的一场战争、"9·11"袭击、金融危机,或者最近的特朗普当选,以及上述的民粹式民族主义浪潮。

大多数批评源于对我的论点的误解。我用**历史**一词,是取其黑格尔哲学-马克思主义的含义,指的是人类制度长期演化的历史,也可以说成**发展**或**现代化**。**终结**一词,意思不是"结束",而是"目标"或"目的"。马克思认为历史终结于共产主义，而我认为，黑格尔的说法——发展最终一定会产生与市场经济相结合的自由主义国家，才是更合理的结果。[4]

我不是说自己的观点在这些年中没有变化。我在《政治秩序的起源》(The Origins of Political Order)和《政治秩序与政治衰败》(Political Order and Political Decay)两本书中尽可能完整地阐述了自己的反思，这两本书合在一起，基本相当于我对当今世界政治的理解，把《历史的终结与最后的人》重写了一遍。[5]我的想法有两个最重要的变化，一是关于非人格化的现代国家构建之难，我称之为"走向丹麦"，二是关于现代自由民主衰败或倒退的可能性。

批评我的人还忽略了另一点。他们没有注意到，我最初那篇的文章标题末尾有个问号。他们也没有读《历史的终结与最后的人》后几章，那几章专门谈了尼采的"最后的人"的问题。

我在这两处都指出，不论民族主义还是宗教，作为世界政治的力量，都不会很快消失。我当时就已指出，它们不会很快消失，是因为当代自由民主国家还没有彻底解决**激情**(Thymos)的问题。激情是灵魂里渴望尊严获得承认的那个部分；**平等激情**(isothymia)是在人人平等的基础上获得尊重的渴望；**优越激情**(megalothymia)则是想被视作高人一等的欲望。现代自由民主国家承诺并在很大程度上兑现了最起码的平等尊重，体现为个人权利、法治、参政权。但这些东西不能保证的是民主国家的人，尤其是在历史上曾被边缘化的群体成员，在实践中确实会得到平等的尊重。整个国家可能会觉得未被尊重，致使好斗的民族主义得以壮大；宗教信徒觉得信仰遭了诋毁，也可能如此。所以，平等激情会继续驱动对平等承认的渴求，而后者似乎不大可能完全满足。

另一个大问题是优越激情。就提供和平与繁荣而言，自由民主国家做得相当不错（尽管近些年略有逊色）。这些富裕安全的社会就是尼采笔下**最后的人**之所在，他们是些"没有胸膛的人"（尼采语），生命耗费于追求永无尽头的消费满足，内核里空无一物，没有更高目标或理想去为之奋斗牺牲。并非人人满足于这样的生活。于是，优越激情兴于特立独行，比如冒大险、投身壮丽事业、追求盛大效果，因为这能让人得到高人一等的承认。某些情况下，优越激情造就杰出领袖，如林肯、丘吉尔、曼德拉。但是，另一些情况下，它可能产出暴君，如恺撒、希特勒，这些人会把社会领入独裁和灾难。

优越激情在历史上存在于所有社会，它无法被克服，只能被疏导、被缓和。我在《历史的终结与最后的人》最后一章提出的问题就是，自由民主加上市场经济，这样的现代制度能不能给优越激情提供足够的出口。这个问题被美国国父充分认识到了。在北美创建共和政体时，他们就想到了罗马共和国垮台的历史，对恺撒式专制独裁未雨绸缪。他们的解决办法是三权分立，防止权力集于单个领导人一身。我在1992年曾提出，市场经济也在为优越激情提供出口。创业之人可以在富甲天下的同时为普遍繁荣做贡献。这样的人也可以去角逐铁人三项，刷新珠峰攀登纪录，经营世上最值钱的互联网企业。

我在《历史的终结与最后的人》一书中其实提到了特朗普，是拿他举例：一个极具野心的个体，对承认的渴求被安全导向商业之路（后来是娱乐之路）。当时我真没想到,再过二十五年,他会不满足于商业成功和跻身名流,会去从政,还被选成总统。但这与我的总论点——关于自由民主的潜在威胁,关于激情这一自由社会的中心问题——并不矛盾。[6] 这类人物以前有过,比如恺撒、希特勒、胡安·庇隆（Juan Perón）,他们领着社会走上灾难之路,招致的结果不是战争就是经济衰退。为了自己的前进脚步,这类人深谙觉得自己的民族、宗教或生活方式得不到尊重的普通人心怀的怨恨。优越激情与平等激情就这样联起手来。

在本书中,我会回到自己从1992年开始关注、此后一直著述的主题:激情、承认、尊严、身份、移民、民族主义、宗教、文化。本书特别包含了我于2005年在李普塞特纪念讲座上关于移民和身份的演讲,以及2011年在日内瓦的拉齐斯基金会讲座上关于移民和欧洲身份的演讲。[7] 书中有些地方或多或少在重复我自己以前著述中的段落。如若某处读来重复,我谨表歉意,但我相当确信,绝少有人花时间沿着这条思路思考,认为它是有关当下发展的一种连贯的论点。

渴望身份获得承认,这是一个主概念,能一统当代世界政治正在发生的诸多现象。这些现象不限于大学校园里操练的身份政治,以及它所引发的白人民族主义,它牵涉广泛,旧式民族主义的复兴、政治化伊斯兰教的崛起,均与之相关。我将着墨论述,许多被当成经济动机的东西,实际上根植于对承认的渴求,因此不可能仅由经济手段满足。这直接关系到我们如何应对当前的民粹主义。

黑格尔认为，驱动人类历史的是寻求承认的斗争。他主张，人渴望得到承认，理性解决这种渴望的方式唯有普遍承认，即人类每个成员的尊严都得到承认。普遍承认的概念自提出以来，一直面临种种部分形式的承认的挑战，如基于民族、宗教、宗派、种族、族裔、性别的承认，或者受一些希望被视作高人一等的个体所挑战。身份政治在现代自由民主国家兴起，是这些国家面临的主要威胁之一，除非我们走出一条路，回归对人类尊严的更普遍的理解，否则就难以逃脱持久冲突的命运。

感谢朋友和同事为本书手稿贡献意见。他们是：谢里·伯曼（Sheri Berman）、格哈德·卡斯珀（Gerhard Casper）、帕特里克·沙莫雷尔（Patrick Chamorel）、马克·科多弗（Mark Cordover）、凯瑟琳·克拉默（Katherine Cramer）、拉里·戴蒙德、鲍勃·福克纳（Bob Faulkner）、吉姆·费伦（Jim Fearon）、戴维·福山（David Fukuyama）、山姆·吉尔（Sam Gill）、安娜·格吕兹马拉-布塞（Anna Gryzmala-Busse）、玛格丽特·列维（Margaret Levi）、马克·利拉（Mark Lilla）、凯特·麦克纳马拉（Kate McNamara）、亚沙·蒙克（Yascha Mounk）、马克·普拉特纳（Marc Plattner）、李·罗斯（Lee Ross）、苏珊·谢尔（Susan Shell）、史蒂夫·斯特德曼（Steve Stedman）、凯瑟琳·斯托纳（Kathryn Stoner）。

特别感谢 Farrar, Straus and Giroux 出版社编辑埃里克·钦斯基（Eric Chinski），我的多部著述都蒙他不辞辛劳。他对逻辑和语言的感觉、关于实际问题的丰富知识，令本书获益匪浅。

感谢 Profile Books 的安德鲁·富兰克林（Andrew Franklin）对本书以及此前我所有作品的支持。

一如既往，我感谢我的文学经纪人、International Creative Management 的埃丝特·纽伯格（Esther Newberg）和 Curtis Brown 的索菲·贝克（Sophie Baker），以及所有支持他们的人。他们的出色工作使我的作品得以在美国和其他国家出版。

我也感谢我的研究助理：安娜·乌吉尔（Ana Urgiles）、埃里克·吉列姆（Eric Gilliam）、罗素·克拉里达（Russell Clarida）、妮科尔·索瑟德（Nicole Southard）。他们提供的宝贵资料为本书提供了基础。

感谢家人给予我的支持，特别是我的妻子劳拉（Laura）。我所有的作品，她都仔细阅读过，并且给出了中肯的意见。

帕洛阿尔托和卡梅尔滨海小镇，加利福尼亚

第一章
尊严的政治

21世纪第二个十年，世界政治剧变。

20世纪70年代初至21世纪第一个十年中段，发生了塞缪尔·亨廷顿（Samuel Huntington）所谓的"第三波"民主化浪潮，可归入选举制民主的国家从大约三十五个增至一百一十多个。这一时期，自由民主成为全世界大部分地区默认的政府形式，至少追求如此，哪怕实践上并未做到。[1]

与政体转变平行发生的是，国与国之间的经济依赖相应增长，也就是人们所说的全球化。《关税及贸易总协定》（General Agreement on Tariffs）和后来变成的世界贸易组织等自由经济制度巩固了全球化。这些制度又有欧盟和《北美自由贸易协定》（North American Free Trade Agreement）等区域性自由贸易协定做补充。在此期间，国际贸易和投资的增长速度超过了全球GDP的增长速度，被广泛视为经济繁荣的主要动力。1970年至2008年间，全球商品和服务产出翻了两番，世界各地几乎都有增长，发展中国家的极端贫困人口占比从 1993 年的 42% 下降到 2011 年的 17%。五岁前死亡的儿童占比也从 1960 年的 22% 下降到 2016 年的低于 5%。[2]

但是，这种自由的世界秩序并未惠及每一个人。在许多国家，而且特别是发达民主国家，不平等急速加剧，增长的收益大部分流向了主要由教育界定的精英。[3] 由于增长关乎越来越多的商品、货币、人口从一处移向另一处，巨量的破坏性社会变化随之发生。在发展中国家，以前用不上电的村民突然就生活在大城市，看着电视，或者手机时刻连着互联网。劳动力市场为适应新形势，驱使数千万人跨国越境，给自己和家人寻找更好的机会，或是逃离本国不堪忍受的环境。巨量的新中产阶级在中国、印度等国出现，但他们做的工作替代了原本由发达国家老中产阶级做的工作。制造业逐渐从欧洲、美国迁往东亚及其他劳动力成本较低的地区。与此同时，在服务业越来越占主导的新经济中，女性开始取代男性，低技能工人则被智能机器取代。

新世纪前十年的中期，世界秩序走向更开放、更自由的势头开始动摇，随后逆转。这一变化恰逢两次金融危机，第一次危机在 2008 年，始发于美国次贷市场，导致后来的经济大萧条；第二次是因希腊破产危及欧元和欧盟而起。两次危机中，精英政策都造成了巨大衰退，失业率居高不下，全球数百万普通劳动者收入下滑。美国、欧盟是自由民主的典范，所以这些危机伤害了自由民主的整体声望。

研究民主的学者拉里·戴蒙德把危机之后那些年称作"民

主衰退"期,那期间几乎各个地区的民主国家数量都从峰值回落了。[4]若干国家变得更自信、更强势,其中首推中国和俄罗斯:中国开始推广"中国模式",这种模式被视为与西方民主殊途同归的发展富裕之路;俄罗斯则指出,欧盟和美国的自由主义正在走向衰败。一些20世纪90年代貌似成功的自由民主国家,如匈牙利、土耳其、泰国、波兰,倒退回更趋威权的政府。2011年"阿拉伯之春"搅乱了中东地区的独裁统治,但是,利比亚、也门、伊拉克、叙利亚等地随后陷入内战,这些地方的民主希望因此落空。催生了"9·11"袭击事件的恐怖主义未被美国对阿富汗和伊拉克的入侵击败,而是演变成"伊斯兰国",成了世界各地坚决反自由的暴力伊斯兰主义者心目中的灯塔。"伊斯兰国"韧性惊人,同样惊人的是,那么多穆斯林青年放弃中东、欧洲等地相对安全的生活,前往叙利亚为它而战。

更出人意料,或许也更重要的,是2016年两大民主投票事件的意外:英国公投退出欧盟、特朗普当选美国总统。在这两场投票中,选民都关心经济议题,尤其是遭遇裁员和去工业化的工人阶级。但是,同样重要的还有人们反对持续不断的大规模移民,认为移民在争抢本土工人的饭碗,慢慢破坏早已形成的文化身份。反移民、反欧盟的党派在多个发达国家壮大,最值得注意的是法国的国民阵线(National Front)、荷兰的自由党(Party for Freedom)、德国的选择党(Alternative for Germany)、奥地利的自由党(Freedom Party)。整个欧洲大陆既有对恐怖主义的恐惧,也出现禁止穆斯林身份表达(如蒙面长袍、头巾、布基尼*)引发的争议。

20世纪的政治格局是沿着一条由经济议题界定的左右光谱分布的，左翼追求更平等，右翼想要更自由。进步主义政治以工人、工会、社会民主党派为中心，追求更好的社会保障和经济再分配。右翼的首要兴趣则是缩小政府规模、推动私营部门发展。21世纪第二个十年间，这个光谱在很多地区似乎让位给了由身份界定的光谱。左翼不再像以前那样关注广泛的经济平等，而是更多专注于促进被认为遭到边缘化的各色群体的利益，如黑人、移民、女性、西班牙裔、LGBT社群、难民等等。右翼则把自己重新定义为志在保护传统民族身份的爱国者，而这个民族身份往往与种族、族裔、宗教有明确的关联。

一种至少可以追溯到马克思的长期传统认为，政治斗争是经济冲突的反映，本质上就是分蛋糕之争。21世纪第一个十年的故事确实如此：全球化产生了大量被经济整体增长遗落的人口。2000年至2016年间，半数美国人真实收入未见增长；最顶层那1%得到的国民收入在GDP的占比，1974年是9%，2008年上升到24%。[5]

但是，与物质自利同等重要的是，人也会被别的东西驱动，那些动机更能解释当下的种种事件。姑且称之为怨恨政治（politics of resentment）。许多情况下，政治领导人之所以能发动追随者，是因为人们认为该群体的尊严被冒犯、被贬低、

---

*　一种为穆斯林设计的女性泳衣，特点是将穿着者从头到小腿都包裹起来，只露出面部和手脚，名称为穆斯林女性穿着的罩袍"布卡"和三点式女性泳衣"比基尼"拼合而成。——译注

被忽视了。这种怨恨唤起该群体的尊严得到公开承认的渴求。比起单纯追逐经济优势的人,渴望恢复尊严的受辱群体怀抱的情感更有分量。

所以,俄罗斯总统普京才会谈到苏联解体,以及欧洲和美国如何在20世纪90年代乘虚而入,把北约的势力范围一直推到俄罗斯边境线。他蔑视西方政客的道德优越感,盼望俄罗斯不再被看成地区弱国——像奥巴马总统说的那样,而是被当作全球大国。匈牙利总理奥尔班在2017年说过,他于2010年再度掌权标志着"我们匈牙利人也决定夺回我们的国家,我们要重获自尊,我们要重掌未来"。[6]"基地"组织创建者本·拉登(Osama bin Laden)十四岁时,他母亲发现他对巴勒斯坦怀有不正常的依恋,"在沙特阿拉伯的家里看电视甚至会泪流满面"。[7]本·拉登自以为穆斯林受到了羞辱,为此满腔愤怒,后来志愿前往叙利亚作战的青年也有同感,他们自诩是在为一种被全世界压迫和攻击的信仰而战。他们想在"伊斯兰国"重现伊斯兰文明昔日的荣耀。

因受辱而产生的怨恨在民主国家也是强大的力量。"黑人的命也是命"(Black Lives Matter)运动因弗格森(密苏里州)、巴尔的摩、纽约及其他城市一系列被大量报道的警察枪杀非裔美国人事件而起,旨在推动外界关注受害者经历的、看似寻常的警察暴力。大学校园和全国各地的写字楼里,性骚扰、性侵犯被视作男性并不真正平等对待女性的证据。变性人突然被关注,他们以往并不被单列为歧视对象。把票投给特朗普的人当中,有许多怀念昔日的好时光,认为那个时候他们的社会地位更牢靠，他们要行动起来，"让美国再次伟大"。虽然发生在不同的时间和地方，但普京支持者对西方精英之傲慢和蔑视的感受，与美国农村选民的体验其实是相似的，后者觉得，东西海岸的城市精英及其媒体盟友对他们和他们的困难视而不见。奥尔班说过，"有些理论认为，西方世界正在发生的变化以及某位美国总统走上舞台，是跨国精英（又称"全球派"）与爱国民族精英在世界政治竞技场上的对决。"奥尔班本人就是后一派最早的典型之一。[8]

这些案例中的群体，无论是如俄罗斯等强国，还是美国、英国的选民，都相信自己有一种身份未被给予恰当的承认，要么是未被外部世界承认（对国家而言），要么是未被本社会其他成员承认。这些身份的种类可能且事实上多得令人难以置信，它们基于国家、宗教、种族、性向或性别。它们都是同一种现象的表现：身份政治。

身份和**身份政治**这两个术语是在相当晚近的时期问世的：前者于20世纪50年代经心理学家埃里克·埃里克森（Erik Erikson）普及，后者于20世纪八九十年代只在文化政治领域进入人们的视野。身份如今有多种含义，有些情况下仅指社会类别或角色，还有情况指的是自己的基本信息（如"我的身份被盗"）。这类含义的身份一直存在。[9]

本书用**身份**这个词，意在帮助我们理解为什么它对当代政治如此重要。身份之所以出现，首先是由于人真正的内在自我有别于社会规则规范的外部世界，且外部世界对内在自我的价值或尊严不予恰当承认。纵观人类历史，总会有个体发现自己与社会不合。但是,有些观点直到现代才深入人心,比如,真实自我固有其价值,外部社会对真实自我的评价存在系统性的错误和不公。不是内在自我要去迎合社会规则,而是社会自身需要改变。

内在自我是人类尊严的基础,但尊严的性质可变,事实上也因时而变。在许多早期文化中,尊严只是少数人的属性,通常属于自愿出征赴死的战士。有的社会认为尊严是所有人的属性,基于的是人作为行为主体的固有价值。还有一些社会认为,尊严的存在是因为一个人属于一个拥有共同经历和记忆的更大群体。

最后,内在的尊严感渴望承认。我知道自己的价值,别人却不予公开承认,甚至诋毁我、拒不承认我的存在,这是不够的。自尊来自被人尊重。因为人天生渴望被承认,现代的身份感迅速演变为身份政治,个体借此要求他们的价值得到公开承认。身份政治由此涵盖了当代世界大部分的政治斗争,从民主革命到新社会运动,从民族主义、伊斯兰主义到当代美国大学的校园政治。事实上,哲学家黑格尔说过,寻求承认的斗争是人类历史的终极动力,这个动力是理解现代世界的钥匙。

在五十多年的全球化中产生的经济不平等是解释当代政治的主要因素之一,但是,经济方面的抱怨一旦与受歧视、被侮辱的情绪挂上钩,就会变得更加尖锐。实际上,许多我们以为是经济动机的东西,反映的不是对财富和资源的单纯渴望,而是金钱被认为可以代表地位、购买尊重这一事实。现代经济理论基于一个假设:人是追求效用最大化(即物质福利)的理性个体，政治不过是这种最大化行为的延伸。但是，要正确解释真实的人类在当代世界中的行为，我们就必须超越主导话语的简单经济模型，拓宽对人类动机的理解。没人否认人有理性能动性，没人否认人是追求更多财富和资源的自利个体。但人类心理远比简单的经济模型复杂得多。要理解当代的身份政治，我们得退后一步，对人类的动机和行为形成更深刻、更丰富的理解。换言之，我们需要一种更好的人类灵魂的理论。

第二章
灵魂的第三部分

政治理论一般基于人类行为理论。我们从周围世界接收大量实证信息，理论从这些信息中梳理出人类行为的规律性，有望得出这些行为与周围环境之间的因果关联。理论化能力是人类物种进化成功的一个重要因素。许多人重实践，轻视理论、理论化，但他们行事也是遵照未言明的理论，只是他们不承认。

现代经济学基于这样的一个理论——人是"理性的效用最大化者"：他们是运用了不起的认知能力增进自身利益的个体。这个理论内含多个进一步的预设。一是论述单位是个体，不是家庭、部落、民族或其他某类社会群体。照此推理，人与人合作，是因为他们推测合作比单干更符合个体的自身利益。

第二个预设涉及"效用"的性质。个体偏好（对汽车、性满足、愉快的休假等）组成经济学家所说的个体的"效用函数"。很多经济学家会说，他们的学问不考虑人最终选择哪个偏好、哪种效用，那是个体自己的事。经济学只讨论偏好得到理性满足的方式。一家对冲基金的经理想再赚十个亿,士兵扑向手榴弹舍身救战友,都是在最大化各自的偏好。照此推理,21世纪政治版图上不幸出现的自杀式炸弹袭击者,只是在最大化他们将在天堂遇到的处女的数量。

问题在于,如果不把偏好局限于物质上的自利,如追求收入或财富,经济学理论就没有多少预测价值。如果拓宽效用概念,把利己、利他两个方向的极端行为都包括进来,那又相当于在说车轱辘话:人会追求他追求的任何东西。我们真正需要的理论是,为什么有人追求金钱和安全,有人选择献身某项事业,有人花费时间和金钱帮助他人。说特蕾莎修女和华尔街对冲基金经理都是在追求效用最大化,那就忽视了他们各自动机中某些重要的东西。

实践中,大多数经济学家真的认为效用是基于某些物质上的自利,这种自利胜过其他的动机。当代自由市场经济学家和古典马克思主义者都认同这种观点,后者还认为,历史是由社会阶级对经济自利的追求塑造的。经济学如今已成社会显学,因为人在很多时候的行为确实符合经济学家们对人类动机的有限理解。物质刺激确实管用。在一些共产主义国家的集体农场,因为农民不能保留他们生产的剩余产品,导致生产率低下;他们会耍滑,干活不卖力。以前共产主义世界有个说法:"他们假装付我们工资,我们假装干活。" 20世纪70年代后期,刺激措施变了,允许农民保留剩余产品,农业产量在四年里翻了个番。2008年金融危机的原因之一是,投资银行家在短期盈利中尝到甜头,几年后他们的风险投资打了水漂,却没有受到

第二章 灵魂的第三部分

惩罚。要解决这个问题,就要改变那些刺激措施。

标准经济模型虽能解释大量人类行为,但是也有许多薄弱之处。过去几十年,丹尼尔·卡尼曼(Daniel Kahneman)、阿莫斯·特沃斯基(Amos Tversky)等行为经济学家和心理学家对这个模型的基本预设提出了质疑。他们指出,实践中的人并不理性,比如,他们会选择默认行为而不是最佳策略,他们会复制周围其他人的行为,省得自己费劲思考。[1]

行为经济学指出了理性选择范式的弱点,却没有确定一个替代的人类行为模型。特别是,它没怎么谈到人的基本偏好的性质。士兵扑向手榴弹、自杀式炸弹袭击,对于一大堆明显有非物质利益在起作用的情况,经济学理论给不出让人满意的解释。很难说我们会"欲求"那些危险、昂贵或让自己痛苦的东西,像我们欲求食物和银行里的钱一样。所以我们要超越主导当下的经济学解释,寻找人类行为的其他解释。这种更宽广的理解一直存在,问题是我们常常忘记我们一度知道的东西。

人类行为理论基于人性理论,也就是从人类普遍共有的生物性中产生的规律,这些规律有异于那些根植于人们所属不同社群的规范或习俗中的规律。今天,人们对先天和后天的界限有着颇多异议,但很少有人否认这个二分法的两极确实存在。好在无须精确划界,也能形成理论,帮我们有效理解人类动机。

早期现代的思想家,如霍布斯、洛克、卢梭,提出了大量理论论述"自然状态",即人类社会出现之前的原始时期。不过,自然状态只是一种对人性的比喻;也就是说,人性是人最基本的特征,独立于具体的社会或文化而存在。在西方哲学传统里,这样的人性讨论可追溯至更早的时候，至少早至柏拉图的《理想国》。

《理想国》里有一段哲学家苏格拉底与两位雅典贵族青年——阿得曼托斯、格劳孔两兄弟的对话，谈的是正义城邦的性质。苏格拉底先是推翻了几种已有的正义理论，如色拉叙马霍斯所说的"正义无非是强者的自身利益"，然后基于对灵魂性质的探究，构建了一个"言辞中"的正义城邦。**灵魂**（希腊语是**心灵，**psyche）一词现在不怎么用了，但是正如词源所示，心理学（psychology）这门学科本质上研究的就是这个主题。

有关灵魂性质的关键讨论出现在《理想国》第四卷。苏格拉底指出，灵魂里欲望的部分会去寻求比如说食物和水，但有时口渴的人有水也不喝，因为他知道水被污染了，喝了会得病。苏格拉底问道："是不是他们灵魂里有种东西让他想喝，又有另外一种力量禁止他们喝，这种不同的力量掌控了让他们喝的欲望？"[2] 格劳孔*和苏格拉底都认为，这个灵魂中不同的第二部分，就是理性部分，它可以在与灵魂中非理性的欲望部分相反的目的下起作用。

在这一点上，苏格拉底和格劳孔道出了现代经济的模型：欲望部分对应个体偏好，理性部分就是理性最大化。弗洛伊德虽已不像以前那样受待见，但这种区分大致对应着他的产生欲望的本我和控制欲望的自我——很大程度上是社会压力的结果。但苏格拉底还指出另一种行为，用的是雅典人莱昂提乌斯

---

* 在英文原版中作者此处及后文将格劳孔误作阿得曼托斯。——编注

第二章 灵魂的第三部分

路过刑场死尸堆的故事。莱昂提乌斯想去看死尸，同时又想避免这样做；经过一番内心挣扎，他去看了，一边看一边说："看吧，混账东西，把这美景看个饱吧！"[3] 莱昂提乌斯一面纵容自己看死尸的欲望，同时又知道这样做可鄙；他屈从于贪欲，这激发了他的愤怒和自我厌恶。苏格拉底问道：

> 在许多其他的情形里，我们不是也观察到，当一个人的欲望胜过他的理性的时候，他会责怪自己，他的激情会激发起来，去对抗他体内强迫他的东西；而且，就好像有两派在对立，这个人的激情会成为话语（speech）的盟友？[4]

我们可以换个当代的例子。瘾君子、嗜酒者知道再来一口对他／她不好，尽管如此，还是再来了一口，然后痛恨自己如此软弱。苏格拉底用了一个新词——**激情**（Spirit），来指灵魂里自己对自己生气的这个部分。"激情"这个词是勉强翻译过来的，原本的希腊语是 thymos。

苏格拉底又问格劳孔，灵魂里想不看死尸的那个部分，仅仅是另一个欲望，还是理性部分的一个方面，毕竟它和理性都朝着同一个方向。认为只是另一种欲望，就是当代经济学的视角，即一个欲望之所以受到限制，只是因为理性让另一个更重要的欲望取代了它。苏格拉底问，灵魂有第三个部分吗？

我们现在对这个激情的理解与刚才的说法相反。刚才我们说它与灵魂的欲望部分有关；现在我们又说，在灵魂的分歧中，它站在理性部分那一边。

确实如此，格劳孔说。

那么，它是与理性部分也不同，还是仅仅是一种特定的理性？如果它仅仅是一种特定的理性，那灵魂里就没有三个部分，而只有两个：理性部分和欲望部分。还是说，就像城邦有生意人、辅助者、谋划者三个阶级把它结成一体，灵魂也有这第三个激情的部分？如果没被糟糕的教养腐化掉，它天生便是理性的辅佐？[5]

格劳孔立即对苏格拉底表示赞同，认为激情既不是另一个欲望，也不是理性的一个方面，而是灵魂里一个独立的部分。激情是愤怒与骄傲之所在：莱昂提乌斯是骄傲的，他相信他有一个更好的自我，能抵挡诱惑不去看死尸，当他对欲望屈服时，便会因未能达到那个标准而愤怒。

在现代经济学问世的两千多年前，苏格拉底和格劳孔就已经理解了现代经济学不承认的一些东西。欲望和理性是人类心灵（灵魂）的组成部分，但是还有一个第三部分激情，完全独立于前两者在发挥作用。激情是价值评判之所在：莱昂提乌斯相信自己不至于去看死尸，像瘾君子也想成为出色员工、爱心妈妈一样。人类渴望的不只是外在于自己的东西，如食物、饮料、兰博基尼、"再吸一口"，他们也渴望自己的价值和尊严得到肯定的评价。这些评价可以来自内在世界，莱昂提乌斯就是这样，但大多往往是周围社会里**承认**他们价值的人给的。得到肯定的评价，他们会感到骄傲；得不到，他们要么生气（当他们认为自己被低估时），要么觉得羞耻（当他们意识到自己没有达到他人的标准时）。

这个灵魂的第三部分，激情，就是今天身份政治之所在。政治行为者确实为经济议题而斗争：该减税还是该增税，或者在民主国家，政府收入的蛋糕该如何在不同的索取者之间分配。但是政治生活的很多内容与经济资源只是弱相关。

举个例子，21世纪第一个十年，发达国家的同性婚姻运动如野火燎原。这里面确实有经济议题，涉及同性结合关系中的未亡人权利、继承权等。不过，许多这类的经济议题本来就可以，且事实上也已经通过公民婚姻制度中有关财产的新规则得到解决。可是公民结合关系的地位低于婚姻，社会会说，同性恋可以合法地在一起，但他们的结合不同于男女结合。这样的结果对数百万希望政治制度明确**承认**同性恋平等尊严的人来说是不可接受的，能结婚正是尊严平等的一个标志。反对的那一方要求的东西正相反：明确肯定异性结合以及传统家庭的尊严更高。这些为同性婚姻议题倾注的情感更关乎对尊严的维护而不是经济因素。

同样，在好莱坞制片人哈维·韦恩斯坦（Harvey Weinstein）丑行曝光引发的"米兔"运动（#MeToo）中，大量女性表现出的愤怒根本上关乎的是尊重。强势男性确实借助了经济手段胁迫弱势女性，但是，依靠性感、外表而非能力、性格来评价女性的错误做法，同样存在于财富和权力均等的男性和女性之间。

不过，现在讲激情和身份的故事还有点早。苏格拉底在《理想国》里没说激情是人所共有的特征,也没说激情有多样的表现形式。在他想象的城邦里,激情似乎是与一种特定阶层的人相关的东西:负责护城御敌的护卫者或辅助者。他们是战士,与开店铺的人不同,后者的首要特征是欲望和满足欲望;他们也不同于谋划阶层的领导者,那些人运用理性去决定什么对城邦最有利。苏格拉底认为,充满激情的护卫者通常是愤怒的,他把他们比作猛犬,对陌生人凶狠,对主人忠心耿耿。身为战士,他们必须勇敢,愿意冒生命危险,愿意忍受商人阶层和谋划阶层无法忍受的艰苦。愤怒和骄傲,而不是理性或欲望,驱使他们如此不惧风险,勇于担当。

苏格拉底的这些表述反映了古典世界的现实,全世界大多数有贵族阶层的文明的现实。贵族阶层声称自己社会地位更高,依据的事实是,他们或者他们祖上是战士。希腊语的"绅士"是kaloskagathos,意思是"美且善",而**贵族**(aristocracy)一词是"由最好的人统治"的希腊语表述衍生而来。人们认为,战士在道德上不同于店铺商贩,因为他们有美德:他们愿意献身公益。荣誉只属于主动拒绝理性效用最大化的人(套用现代经济学模型),荣誉青睐的人甘愿牺牲最重要的效用:他们的生命。

如今,我们对贵族颇多冷嘲热讽,说得好听点儿是自命不凡的寄生虫,说得难听点儿是祸害社会的暴力掠夺者。贵族后人更糟糕,因为家族地位不是他们亲手挣得,而是凭出身偶得。但我们还是得承认,贵族社会深信荣誉或尊敬并非人人应得,只有甘愿赴死的阶级应得。这种情感在今天仍然存在:我们这

第二章 灵魂的第三部分

些现代民主社会的公民都会向为国捐躯的士兵、警察、消防员致敬。尊严和尊敬不是人人应得，尤其不应为那些以自身福利最大化为主要目标的商人和工人所得。贵族自视高人一等，他们拥有我们可以称之为优越激情的东西，即被承认为高人一等的欲望。在民主时代以前，各个社会以社会等级为基础，所以，某一阶级的人对自身内在优越性的信念，是社会秩序得以维系的根基。

优越激情的问题在于，每有一个人被视为高等，就有更多人被视为低等，他们作为人的价值就得不到任何公开承认。苏格拉底和格劳孔认为激情主要和护卫者阶级有关，可他们似乎同时也认为所有人都具备灵魂所有的三个部分。不是护卫者的人也有自己的骄傲，被贵族打耳光责令让路，妻女被强迫沦为"更好"的社会阶层的性玩物，他们的骄傲就会受伤。有团体总想被视作高人一等，也有人因得不到尊重而心生强烈的怨恨。而且，我们的确愿意赞美某类成就显赫者，比如伟大的运动员、音乐家，可是许多社会荣誉并非源自真的出类拔萃，而是出于社会习俗。我们容易怨恨那些因为不对的东西而得到承认的人，比如那些好似暴露癖的社会名流，或者真人秀明星，他们并不比我们好。

因此，另一个同样强大的人类动力，是希望自己被视为和别人"一样好"，我们不妨称之为"平等激情"。[6] 优越激情，被经济学家罗伯特·弗兰克（Robert Frank）说成是一种"位置商品"（positional good），其性质决定了它无法共有，因为它基于人相对于他人的位置。[7] 现代民主的兴起，就是优越激情逐渐被平等激情取代的历史：只承认少数精英的社会被承认人人生而平等的社会取代。在欧洲，层级化的阶级社会开始承认普通人的权利，埋没在伟大帝国里的民族纷纷寻求独立且平等的身份。美国政治史上的伟大斗争——推翻奴隶制和种族隔离、捍卫工人权利、主张性别平等——说到底是要求政治制度扩展其承认拥有平等权利的个体的范围。

当然，故事远非如此简单。驱动当代身份政治的，是被社会边缘化的群体对平等承认的追求。但是，对平等承认的渴求，很容易滑向要求承认其所属群体高人一等。民族主义、民族身份以及现在某些形式的极端主义宗教政治大多如此。

平等激情的另一个问题是，某些人类活动不可避免地比其他活动更能赢得尊重。否认这一点，就是否认出类拔萃的可能性。我不会弹钢琴，就不能假装我在这方面与格伦·古尔德（Glenn Gould）或阿图尔·鲁宾斯坦（Arthur Rubinstein）平起平坐。没有哪个社群会不尊敬因公殉职的士兵警察，反而景仰临阵脱逃的懦夫、出卖社群的奸人。承认人人价值平等，就意味着不能承认在某种意义上确实高人一等的人的价值。

平等激情要求我们承认人类同胞基本上价值平等。我们民主社会借美国《独立宣言》肯定地说出"人人生而平等。"但是，在历史上，"人人"是何人，我们并无定论。《独立宣言》签署时，它的范围不包括没有财产的白人、黑人奴隶、美国原住民、女性。此外，既然人们的才华和能力如此迥异，我们就需要理解，我们出于政治目的愿意在什么意义上承认他们平等。《独立宣言》说人人平等"不言自明"，却没有指导我们该如何理解平等。

第二章 灵魂的第三部分

激情是灵魂里渴望承认的那个部分。《理想国》里只有一个狭隘阶级的人要求尊严得到承认，理由是他们身为战士甘愿赴死。但是，对承认的渴求似乎也存在于每个人的灵魂里。贩夫走卒、手艺人、乞讨者未被尊重也会心痛。只是，这种感情还在初期，他们还不清楚为什么自己应该被尊重。社会告诉他们，他们价值不如贵族，何不接受社会的评价？在人类历史上的许多时候，这确实就是大部分人的命运。

激情是人性的一个普遍的方面，亘古有之，但是，认为我们每个人都有应被尊重的内在自我，认为周围社会不承认人的内在自我可能是错的，这是更晚近的现象。所以说，身份概念虽然植根于激情，但只有到了现代，当身份与内在自我和外在自我的观念相结合，与内在自我价值高于外在自我的激进观点相结合时，身份方才出现。这是自我的概念发生转变后的产物，也是在经济和科技变化的压力下迅速演变的社会现实的产物。

第三章
内在和外在

激情是人性永恒的一部分,身份这一现代概念的形成则不同,几百年前社会开始现代化,它才出现。它源自欧洲,随后被广为传播,如今几乎在世界各地所有的社会都生了根。

随着内在自我与外在自我的脱节为人所察,身份就有了基础。个体终于相信,他们内在有一个真正的,或者说真实的身份,与周围社会派给他们的角色多少有些不合。现代的身份概念为真实性(authenticity)赋予了最高价值,看得最重的是不被允许表达的内在自我得到认可。身份概念站在内在自我这一边,而不是外在自我那一边。很多时候,个体可能并不明白他那个内在自我到底是谁,只是模模糊糊觉得,他或她无奈地过着谎言一般的生活。这会导致过度追问"我到底是谁?"求解而不得,异化感、焦虑感由此而生,要得到宽慰,唯有个体接受内在自我,而且这个内在自我得到公开承认。而要外部社会恰如其分地承认内在自我,个体只能去想象社会自身发生根本改变。

在西方,身份概念从某种意义上说诞生在新教改革过程中,最初的表述出自奥古斯丁派修士马丁·路德（Martin Luther）。路德受过传统神学教育,有维滕贝格大学教席;十年间,他读书,思考,与他的内在自我相斗争。有位历史学家说过,路德"发现他在上帝面前处于绝望状态。他想得到应允上帝会接纳自己,但在自己这里只能发现罪的确定性,而在上帝那里则只能看到无情的正义,将他所做的忏悔、他对恩典的祈求全部谴为徒劳"。[1] 路德试过天主教会推荐的赎罪药方,结果发现自己绝不可能贿赂、哄骗或恳求上帝。他明白,教会只作用于外在的人（通过认罪、忏悔、施舍和圣徒崇拜）,但这一切无一有用,因为恩典被赐予,完全是上帝之爱的自由行为。

路德是最早明言内在自我,且认为内在自我价值高于外在社会人的西方思想家之一。他认为,人有两重性,一重是内在精神的,一重是外在身体的;"任何外在物对基督徒的义或自由都没有任何影响",唯有内在的人可获新生。

> 唯独信仰只统治内在的人,如《新约·罗马书》[10:10] 所言:"因为人心里相信,就可以称义。"而且,因为只有信仰可以称义,那就很明确,内在的人不会因任何外在的努力或行为称义、得解、获救;那些外在的努力,无论有着何种性质,都与这个内在的人完全无关。[2]

这种称义唯独借信仰而非行为的认识——后来的新教学说

第三章 内在和外在

就以此为中心——一刀斩断了天主教会的核心理念。教会是人与上帝的中介，但教会借其仪式和行为只能塑造人的外在。路德震惊于中世纪教会的衰败腐朽，但更深刻的见解是教会本身并不是必要的，而且教会试图胁迫、收买上帝，实为亵渎。路德可不是会屈从于社会的少年；相反，他认为社会必须根据内在人的要求调整自身。宗教改革确实带来了如下后果，虽然这些后果并非路德本意：罗马作为普世教会走向衰落，非传统教会兴起，一系列社会变革发生，在这些社会变革中，个体信仰者优先于通行的社会结构。

社会理论家一直在争论，宗教改革之后欧洲发生的重大变化，即大家所说的"现代化"，是物质力量的产物，还是路德等人的观念驱动使然。马克思和当代新古典主义经济学家会说，路德的观念也是物质条件的衍生物，若没有德意志王公们在经济上的不满和分歧，路德的观点绝不至于如此广泛传播。社会学家马克斯·韦伯（Max Weber）则主张，观念才是首要力量，经济学家们研究的那些物质条件得以发生，只是因为人的想法变了，让它们合法化了；以前也有类似的条件，却没有产生相同的结果，是因为那时智识氛围不一样。

在我看来，两种观点都抓到了部分真相，它们是相互影响的。物质条件显然塑造人们对某些观念的接受性。但观念自有其内在逻辑，没有它们提供的认知框架，人会对自己的物质条件做出另外的阐释。这对理解身份概念如何演变有影响，因为，推动身份概念的，既有思想上的演变，也有欧洲正开启社会经济现代化进程时，广大社会里不断变化的物质条件。

在观念层面上，我们看到，内在区别于外在，前者被赋予高于后者的价值，这个变化在很大程度上始于路德。*一如后来许多苦苦思索身份问题的思想家，路德开始痛苦的探索，为的是理解他自己，找到在上帝面前称义的道路。这个内在的人不好；他是罪人，尚可得救，得救唯藉信仰，而信仰是内在行动，无法通过外在行为观看。就这样，路德提出了身份问题的中心概念：内在自我很深，且有多层，唯有内省，方可得见。

路德距离现代的身份概念还很远。他赞美内在自我的自由，可那个自我只有一个维度：信仰，接受上帝的恩典。这是二元选择，人有自由选择上帝，或者不选。人不能选择成为印度教徒还是佛教徒，不能决定自己的真实身份在于向大家宣布自己是同性恋。路德面前没有"意义的危机"，对他而言，"意义的危机"根本不可思议；他反对普世教会，但是，基督教义所言的真理，他照单全收。[3]

之所以说路德尚未抵达身份概念的现代理解，还有第二个理由：他的内在自我不要求为它新得的自由寻求公开承认。事实上，他为自己的动机而苦恼：他想避开自我满足的污点，知道"自己是个无药可救的罪人，逃不脱他所谓的贪欲（罪之一种，意指做正确的事不单是为取悦上帝，同时也是为了自己）"。[4] 他在世时就已获得很多认可，他也有义愤填膺的时候，但他的信仰学说，基础是与上帝的私人关系，不是任何形

---

* 马丁·路德之前数世纪，奥古斯丁在他的《忏悔录》(Cofessions) 中经历了同样痛苦的内在自我探索。与路德不同，奥古斯丁的著述不贬低既有社会秩序，也不曾给他那个时代带来重大的政治或社会颠覆。——作者注

式的公开认可。

尽管如此,内在与外在的区别已然确立,后来不接受路德基督教世界观的思想家可以给它填上新形式的内在自由。

到18世纪后期,现代身份概念的核心观念进一步演变,有了世俗化的形式。加拿大政治理论家查尔斯·泰勒(Charles Taylor)对这一过程有明确论述,他认为,哲学家卢梭在这个过程中发挥了中心作用。[5] 卢梭是许多观念的鼻祖,那些观念决定了后来的一大堆现代潮流:民主、人权、共产主义、人类学学科、环境保护主义。对卢梭而言,内在自我与生俱来的善,是把他的政治、社会及个人写作拢在一起的主题之一。[6]

卢梭改写了基督教对人之内在的道德评价。路德那样的基督徒相信原罪:人是堕落的生物,唯有通过上帝之爱,方可获得救赎。而卢梭在《论人与人之间不平等的起因和基础》(*Discourse on the Origin of Inequality*)一书中提出,原始人,即自然状态的人,是无罪的。我们所认为的与罪和邪恶相关的特征——嫉妒、贪婪、暴力、仇恨等——不是最初之人的特征。按照卢梭的论述,原始人没有社会:早期的人是孤独的生物,担惊受怕,需求有限,对他们来说,性是自然的,家庭不是。他们没有贪婪、嫉妒的感觉;他们唯一的自然情感是因别人受苦而心生怜悯。

在卢梭看来,社会显形之时,就是人类不快乐之始。第一批人类是通过驯服动物开始他们向社会的堕落的,驯服动物"让他初次萌生了骄傲"。然后,人与人开始合作,以便互相保护和受益;这种更密切的关联"让人产生了对某些关系的认识……

我们会用词语来表达这些关系——大、小、强、弱、快、慢、可怕、大胆，以及其他类似的观念"。比较、评价他人的能力，是人类不快乐的源泉。"人们一开始设定彼此的价值，知道什么是尊重，就会索要它，拒绝尊重别人变得不再安全了。"卢梭批判自爱（amour de soi）变成自恋（amour propre），单纯的自利变成骄傲感，变成获得社会承认的欲望。[7]

卢梭说，私有财产伴随冶金和农业出现；积聚财富的能力让人无比富有，同时普遍夸大个体间的自然差异，把妒忌、羡慕、骄傲、羞耻提升到新的高度。因此，卢梭在《论人与人之间不平等的起因和基础》第二部分开篇提出如下著名论断：*

> 谁第一个把一块土地圈起来，硬说"这块土地是我的"并找到一些头脑十分简单的人相信他所说的话，这个人就是文明社会的真正缔造者。但是，如果有人拔掉他插的界桩或填平他挖的界沟，并大声告诉大家："不要听信这个骗子的话；如果你们忘记了地上的出产是大家的，土地不属于任何个人，你们就完了！"——如果有人这么做了，他将使人类少干多少罪恶之事，少发生多少战争和杀戮人的行为，少受多少苦难和恐怖之事的折磨啊！[8]

卢梭开了两个处方，好让人类从上述不平等和暴力之灾中全身而退。第一个在《社会契约论》(The Social Contract) 中

---

* 以下译文引自《论人与人之间不平等的起因和基础》，卢梭著，李平沤译，商务印书馆，2015。——译注

得到了概述,是一种政治解决方案,通过"公共意志"的出现,让共和美德把公民团结起来,从而回归自然的平等状态。人们在政治上结合,相互合作,但这种结合不容分歧和多元。这种解决方案被批为极权主义的原型,批评得不无道理,因为它抹杀多样性,要求思想严格统一。

第二个处方是非政治的,作用于个人层面。在他的晚年著作《一个孤独漫步者的遐想》(*Reveries of a Solitary Walker*)中,卢梭试着找回原始人的意识状态,即人进入社会之前的状态。他在《论人与人之间不平等的起因和基础》中说过,"人的第一个感受是关于自己的存在";在《遐想》中,**存在的感受**(sentiment de l'existence)是一种完满的、幸福的感觉,当个体终于看见深藏在一层层后天习得的社会化感知之下的真实自我时,这种感觉就会出现。[9] 卢梭的存在的感受,以后会变成所谓的生活体验,这就是当代身份政治的根源。

卢梭亮出了自己关于人性的鲜明立场。他不赞成霍布斯的论断,不认为自然状态下的人是暴力的、残忍的、自私的。卢梭也不认同洛克的观点,不认为私有财产是早期人类的自然权利。他可能也不会同意苏格拉底和格劳孔的说法,不认为激情是人类灵魂的组成部分,因为他明确指出,骄傲的情感,以及由此而来的被别人承认的渴求,并不存在于早期人类之中。

卢梭以下的断言成为此后数世纪世界政治之根本:有个被叫作"社会"的东西存在于个体之外,那是一大堆规则、关系、禁令和习俗,是人类实现潜能、到达幸福的主要障碍。这种想法现在对我们来说已经如此本能,以至于我们几乎意识不

32

到它。少年犯的辩护词说"社会害我如此",女性觉得潜能受制于性别化和性别歧视的社会,显然就是这种情况。往大了看,普京抱怨美国主导的国际秩序谬贬俄罗斯,所以他想推翻这个秩序,也是同一回事。比卢梭更早的思想家也批判既有社会规则和习俗的某些方面,但很少主张既有社会及其规则应被整体废除、被更好的规则取代。就是这后一种主张,最终把卢梭和1789年的法国大革命政治、1917年的俄罗斯、1949年的中国联系在了一起。

卢梭像路德一样,对内在自我和要求服从的外部社会加以严格区分。与路德不一样的是,卢梭认为,个体内在的自由不只在于他或她接受上帝恩典的能力,也在于体验**存在的感受**的能力;这个能力是自然的、普遍的,不被一层层社会规习约束。卢梭就这样把路德开启的内在性世俗化、普遍化了。卢梭形成这样的思想,是通过挖掘自己最隐秘的情感,他和奥古斯丁派修士路德一样,经历了痛苦而漫长的思考。用查尔斯·泰勒的话说,"这是现代文化大规模主观化转向的一部分,是一种内向性的新形式,我们从此自视为有内在深度的存在。"[10]

所以说,卢梭将内在自我世俗化,认为内在自我高于社会规习,这是现代身份概念形成的关键一步。但是,前文讲到,卢梭不相信渴望承认是人的天性。他认为,骄傲感和攀比之癖不存在于早期人类之间,它们在人类历史上的出现致使了后来人类的不快乐。要找回内在自我,就要摒弃被社会承认的需要,孤独的遐想者无须任何人认可。

我们现在可以说，基于有关早期人类社会和人类进化的已有知识，卢梭的论断有的正确深刻，有的则大误大谬。他描述的人类社会演变的主要阶段——从我们现在说的狩猎采集社会到农业社会，再到商业社会——基本是正确的。他强调农业发现的重要性，道出农业发现如何导致私有财产制度化，导致农业社会比它所取代的狩猎采集社会更不平等、更等级化，这也是对的。[11]

但卢梭把有些重要的事情搞错了。首先就是他断言早期人类天生是个人主义式的。我们现在知道他错了，首先因为"前社会的人"在考古和人类学上无据可证，第二是因为我们很确信，现代人类的灵长类祖先本身就高度社会化。现存灵长类有复杂的社会结构，显然也有维系社会结构所需的情感能力。[12]卢梭认为社会进化到一定阶段骄傲才出现，这也奇怪，让人不禁要问，如此内在的人类情感，怎会因回应外部刺激兀自萌生？如果骄傲是社会建构的，幼童就该受过什么训练方能有所体验，但我们观察不到子女身上有这种现象。如今我们知道，骄傲和自尊的感情与大脑的神经递质血清素水平有关，当黑猩猩获得群体老大的地位时，它的血清素水平就会升高。[13] 现代人类在行为上不拿自己和别人做比较、得到社会承认时不感到骄傲，这种情况似乎不大可能。就此而言，柏拉图对人性的理解胜过卢梭。

内外自我的区分在宗教改革和法国大革命之间现于欧洲，这并非偶然。欧洲社会那时正在经历的深刻经济社会变革创造了物质条件，使这些观念得以传播。

所有人类社会都会让成员社会化，在共同规则下生活；否则人和人就不可能合作，人类这个物种就不可能成功。所有社会都有叛逆少年，也有人格格不入，不接受规则，但是这场斗争最终几乎总是社会胜出，迫使内在自我遵从外部规范。

因此，在大多数传统的人类社会里，我们现在所理解的身份概念甚至不会出现。在人类历史以往这万余年里，绝大多数人在定居式农业社群里生活。在这样的社会里，社会角色有限且固定：有一个基于年龄和性别的森严等级制，人人都有相同的工作（农业劳作、养育后代、照看家务），人一辈子活在同一个小村子，朋友和邻居的圈子有限，每个人都有着和其他人相同的宗教信仰，社会流动——离开村庄、更换职业、与不是父母选定的对象结婚——几乎不可能发生。这样的社会既不多元，也不多样，也不提供选择。没有选择，就不会有个体坐下来思考"我到底是谁？"构成内在自我的所有特征都是固定的。或许有人反抗，比方说，逃去另一个村子，但他在那儿会发现自己掉进了一模一样的有限社会空间。没有存在于个体之外、限制个人选择的"社会"这个概念，也没有内在自我高于那个社会的价值判断。

随着欧洲现代化如火如荼地展开，一切开始改变。商业革命开启贸易大扩张，开始颠覆现存的社会等级。亚当·斯密（Adam Smith）在《国富论》（The Wealth of Nations）一书中指出，"劳动分工受市场范围制约"；市场因技术变革而发展，新的职业出现，新的阶层诞生。城市权力增长，独立性增强，成了农民逃离暴虐领主的庇护所。宗教改革点燃宗教战争，持续一个半世纪之久，彻底打乱了欧洲的政治版图。宗教选择成为可能，而这在中世纪教会时代绝不可能。印刷媒体问世，知识四处传播，新思想迅速扩散。

如此广泛的社会和经济变革意味着，个体在生活中突然拥有了更多选择和机会。在旧社会里，有限的社会选择决定了他们内在是什么人；当视野打开后，"我是谁？"这个问题突然变得更有意义了，对内在的人和外部现实之间的巨大鸿沟的认识也显得更重要了。观念塑造物质世界，物质世界也为某些观念的传播创造了条件。

第四章
从尊严到民主

现代身份概念统一了三个不同的现象。一是激情，渴望得到承认的普遍人性。二是内在自我有别于外在自我，且内在自我的道德赋值高于外部社会。这直到早期现代的欧洲才出现。三是不断演变的尊严概念，承认不再只为某个狭隘的阶级所应得，而是人人应得。不断拓展的、普遍化的尊严把对自我的私人追寻变成了一桩政治事业。西方政治思想这一变化发生在卢梭之后那一代，经由哲学家康德和黑格尔，特别是黑格尔，得到了实现。

苏格拉底认为，渴求尊严的主要是政治社群中的战士，他们表现出勇气，愿意为公共利益献身。这是人类尊严的一种理解，还有其他的理解。《旧约·创世记》写道，亚当和夏娃原本处于无罪状态，直到蛇用知善恶树的果子诱惑夏娃。果子一吃下去，他们立即看见自己的裸体，为之羞耻，试图遮掩。上帝将他们逐出伊甸园，因为他们违背了他的诫令，从这个原罪开始，人类一直生活在堕落的状态中。

基督教的尊严概念以这个道德选择能力为中心。人能辨善恶。他们可以选择为善，尽管他们像亚当、夏娃那样，经常不为善。路德的因信称义，说的就是这个选择。而且，即便亚当、夏娃做了错误的选择，如果没有犯罪的能力，他们的选择也毫无意义。吃下善恶果，他们就确立了自己和后代的道德地位，人类从此知道善恶有别，并且能够选择。动物不辨善恶，因为它们靠本能行动，而上帝在某种意义上是纯粹的善，他总是选择正确。选择能力赋予人类高于动物的地位，因为选择能力部分具备上帝的善的能力，但还是低于上帝，因为人有能力犯罪。基督教传统认为，从这个意义上说，所有的人在根本上是平等的：他们都被赋予了同等的选择能力。道德选择位于人类尊严的中心，这一点曾为浸信会牧师马丁·路德·金（Martin Luther King, Jr.）所强调。当他说出，"我梦想有一天，我的四个孩子将在一个不是以他们的肤色，而是以他们的品格优劣来评价他们的国度里生活"，他说的就是，以他们的内在自我所做的道德选择来评价，而不是以他们的外在特征来评价。

康德在《实践理性批判》（*Critique of Practical Reason*）及其他著作如《道德形而上学基础》（*Groundwork to a Metaphysics of Morals*）中就这种对尊严的基督教式理解提出了一个世俗化版本。康德认为，没有任何东西可以被我们说成是无条件的善，除了善的意志，即做出恰当的道德选择的能力。但康德不是从宗教角度看这个问题；对他来说，道德选择包含遵从抽象的理性法则的能力，遵从就是为了法则本身，不是出于工具理性，不是因为这样选择可能带来好处或幸福。如霍布斯所言，人有道德选择的能力，意味着人不是受制于物理定律的机器；人是能够独立于物质环境做出选择的道德主体，因此，人不应被视为其他手段的目的，人就是目的本身。道德不是为了幸福最大化而对结果进行的功利计算，道德就是选择这个行为本身。对康德来说，人的尊严以人的意志为中心，人是真正的行为主体，或者说，人是无因之因。

哲学家黑格尔同意道德选择与人类尊严的上述关系。人是在道德上自由的主体，不只是寻求最大化满足欲望的理性机器。但是，不同于卢梭、康德，黑格尔把对道德主体的承认放在了阐释人类的核心。他在《精神现象学》（*The Phenomenology of Spirit*）一书中主张，人类历史是由寻求承认的斗争驱动的。这种需求最初来自战士，他心甘情愿浴血沙场，不为领土，不为财富，只为承认本身。但这样的承认最终并不让人满足，因为它是被奴隶承认，而奴隶是没有尊严的人。要解决这个问题，唯有当奴隶也获得尊严，而获得尊严要通过劳动，通过努力把世界改造成适合人类生活的地方。承认的唯一理性形式，是主人和奴隶最终相互承认他们共有人的尊严。

对黑格尔而言，寻求承认的斗争主要不是作为深入自我的个体旅程而展开——像卢梭经历的那样，而是在政治层面上展开。黑格尔时代的伟大矛盾是法国大革命及其对人权的尊奉。青年黑格尔目睹拿破仑在1806年耶拿战役后骑行穿过他的大学城，他从中看到，法国大革命的原则正在使承认普遍化。正是在这个意义上，黑格尔相信历史已经走到了尽头：历史在普遍承认的观念里达到顶峰，后续事件不过是将此原则传遍地球每个角落。[1]

基于个体权利的自由民主社会把尊严平等的理念写入法律，承认公民是道德主体，有能力共享他们的自治政府。在黑格尔的年代，此一原则是由马背上的将军强加于诸国的，但对这位哲学家来说，在人类自由逐步发展的大历史里，这不过是个小细节。

到 19 世纪初，现代身份概念的大部分要素已经有了：内在自我、外在自我有区别，内在自我的价值高于既有的社会安排，内在自我的尊严取决于它的道德自由，人人皆有道德自由，以及自由的内在自我应该得到承认。黑格尔还指出了现代政治的一个根本事实：法国大革命等事件激起的伟大激情归根结底是为尊严而战。内在自我不只是个人反思，内在自我的自由应在权利和法律中得到体现。法国大革命之后两个世纪的民主运动，驱动者就是那些要求承认其政治人格的人，即他们是有能力分享政治权力的道德主体。

换言之，奴隶将反抗主人。那个只承认少数人尊严的世界将被新的世界取代，新世界的基本原则是承认所有人的尊严。

第五章
尊严的革命

对尊严得到平等承认的渴求激发了法国大革命,而且这种渴求一直持续到了今天。

2010年12月17日,突尼斯警察没收了街头小贩穆罕默德·布阿齐兹(Mohamed Bouazizi)货摊上的水果,表面上是因为他没有许可证。家人说,女警察菲达·哈姆迪(Faida Hamdi)当众打他耳光,收他电子秤,还啐了他的脸。(哈姆迪是女人,在男性占主导的文化里,这可能让他更觉羞辱。)布阿齐兹去市长办公室投诉,想把电子秤要回来,市长拒绝接见。布阿齐兹用汽油浇身,点火自焚,同时大喊:"你叫我还怎么活?"

这个新闻事件如野火般传遍阿拉伯世界,引发后来所谓的"阿拉伯之春"。最先受冲击的是突尼斯,不出一个月,大范围骚乱导致长期独裁的本·阿里(Zine El Abidine Ben Ali)下台去国。阿拉伯世界的其他城市纷纷爆发大规模抗议,邻国埃及尤甚，强人穆巴拉克（Hosni Mubarak）于2011年2月被逐下台。利比亚、也门、巴林、叙利亚被抗议和起义席卷，而所有这些抗议者都有一点共通之处：他们都因曾被政府漠视和羞辱而充满怨恨。

后来那些年，"阿拉伯之春"走上了可怕的错误道路。最大的悲剧是叙利亚，阿萨德（Bashar al-Assad）统治期间，国内的暴力冲突已造成四十多万人死亡，数百万人流离失所。埃及第一次民主选举让穆斯林兄弟会（Muslim Brotherhood）掌权，由于担心穆兄会在意识形态上对国家的影响，军队于2013年发动政变。利比亚、也门陷入血腥内战，专制统治者收紧了对整个地区的控制。只有突尼斯，"阿拉伯之春"的始发国，勉强像个自由民主国家，但也命悬一线。

回顾上述事件，不难得出判断，"阿拉伯之春"从一开始就与民主无关，但这不足以解释布阿齐兹自焚激发出来的政治激情。阿拉伯世界对僵化压制的独裁统治已经忍受了那么多年，为什么一下子就因为这样一个事件闹得人山人海冒死抗议？

布阿齐兹事件的详情很关键。他不是抗议者，不是受当局迫害的政治犯，他只是个普通公民，在非正规经济里讨生活。发展中国家有着大量的非正规创业者，因为政府设立了一堆正规经营必须满足的苛刻法律要求。阿拉伯世界的数百万民众之所以对布阿齐兹的遭遇再熟悉不过，是因为突尼斯政府对待他的方式：讨生活的买卖随随便便被没收，人被当众羞辱，投诉讨公道没人理睬。政府不拿他当人，就是说，不把他视作理应受到最起码尊重的道德行为者——但凡有最起码的尊重，谋生

第五章 尊严的革命

的家伙被没收之后，他至少应该得到一个解释。布阿齐兹的自焚让阿拉伯世界数百万民众彻底认清了统治他们的政权是多么不公。

阿拉伯世界后来之所以陷入混乱，是因为阿拉伯人对于独裁之后的新政权该是什么样意见不一。不过，在 2011 年，他们就自己不喜欢的东西达成了暂时的强大共识：他们不喜欢专制政府；这种政府，往好了说，当他们是小孩，往坏了说，视他们如草芥，他们在政治上被腐败政客欺骗，在经济上被剥削，一打仗就被送去当炮灰。

在过去两代人的时间里，世界目睹了很多反抗专制政府的自发起义，包括南非种族隔离转型、20 世纪 90 年代撒哈拉以南非洲其他的公民运动、21 世纪初格鲁吉亚和乌克兰的抗议。承认人的基本尊严在这些运动中是一个核心问题。

其中一次起义真的就被称作尊严革命。2013 年 11 月，乌克兰总统维克托·亚努科维奇（Viktor Yanukovych）宣布，他要中止本国与欧盟最终达成《稳定与结盟协定》(Stabilization and Association Agreement)的努力，转而寻求与俄罗斯以及俄罗斯总统普京的欧亚经济联盟建立更密切的合作。亚努科维奇在 2004 年橙色革命时期就是总统，他被民众抗议赶下台，但是 2010 年他又当上了总统，因为橙色联盟既腐败又内讧，掌权之后未能兑现诺言。

亚努科维奇想让乌克兰回归俄罗斯的轨道，在首都基辅引发了一系列自发抗议，到 12 月初，近八十万人聚集在基辅独立广场，支持乌克兰继续与欧盟结盟。2014 年 2 月，百余名抗议者被杀害，局势失控，亚努科维奇再次放弃总统职位，乌克兰政局有了新的开始。

上述事件发生以后，乌克兰在建立成功的自由民主制度一事上不比突尼斯好多少。经济和政治被一小撮寡头操控，其中有一人，彼得·波罗申科（Petro Poroshenko），于2014年当选总统。政府虽是经民选产生，却腐败透顶。但是，有必要理解发动欧洲广场运动和尊严革命的政治行动者的根本动机。

严格地讲，如果说民主意味着通过选举表达公众选择，那么这场起义为的不是民主。亚努科维奇在2010年当选总统是合法的，有他的地区党（Party of Regions）支持。这场起义为的是反腐败、反滥权。亚努科维奇在担任总统的数年间敛财数十亿美元，他的奢华宫殿和其他财产很快也被揭露。地区党得到幕后寡头里纳特·阿克梅托夫（Rinat Akhmetov）鼎力支持，乌克兰东部大部分大工业由他把持。是选择视人民为平等公民的现代政府，还是选择民主实践只是表面、一切全由执政者幕后操控、权力不被问责的政权？所以，有人相信，欧洲广场运动为的是保障普通公民的基本尊严。

"阿拉伯之春"初期和"颜色革命"的明显驱动指向现代自由民主的道德核心。自由民主政权基于自由、平等这一对原则。自由可以消极地理解，即免于政府权力的自由。许多美国保守派就如此诠释自由：个体应被允许以自己认为合适的方式过自己的私人生活。但是，自由通常不单是不被政府管，它还意味着人的能动性，意味着人有能力通过积极参与自治来行使一份权力。突尼斯、开罗、基辅街头的民众感受到的就是这种

第五章　尊严的革命

能动性，这是他们平生第一次感到自己可以改变政府行使权力的方式。这种自由经选举权得到制度化，选举权赋予每个公民一小份政治权力。这种自由也经言论和集会自由而制度化，它们是政治自我表达的渠道。许多现代民主国家的宪法因此奉行尊严平等的原则。这些宪法沿袭基督教传统，认为尊严植根于人的道德能动性。但是这个能动性不再是宗教意义上的能动性，不是接受上帝的能力，而是作为民主政治社群的一员，共同行使权力的能力。

在现代自由民主国家，第二条原则——平等很少被理解为暗指经济或社会的实质平等。试图实现实质平等的政权很快发现它们在触犯第一条原则——自由，因为实现实质平等要求对公民生活实行大规模国家控制，而这些政权确实这么做了。市场经济取决于个体对自身利益的追求，这导致财富不均等，因为人和人出身条件不同，能力也不同。现代自由民主国家的平等一直更像是自由的平等。这意味着既有平等免于滥权政府的消极自由，也有平等参与自治和经济交流的积极自由。

现代自由民主把这些自由、平等的原则制度化，靠的是创建同时受到法治和民主责任制约束的国家能力。法治约束权力，因为法治赋予公民一些基本权利，比如在言论、结社、财产、宗教信仰等某些领域，国家不能限制个人选择。法治也服务于平等原则，因为法治将那些规则平等地适用于所有公民，包括掌握国家系统最高政治职位的公民。民主责任制则通过选举权赋予每位成年公民一份均等权力，如果他们反对统治者行使权力的方式，就允许他们更换统治者。所以，法治与民主问责总是密不可分。法律既保护免于滥权政府的消极自由，也保护平等参与的积极自由，在美国民权运动时代，法律就是这样发挥作用的。民主参与则可阻止司法系统滥权。17世纪英国内战期间，议会团结起来保护法庭的独立性，2017年，当司法独立面临执政党威胁时，波兰公民社会也这么做过。

现实世界的自由民主国家一直未能完全实现自由和平等的根本理想。权利常被践踏，法律从未被平等地适用于贫富强弱群体，公民虽有参与机会，却经常选择不参与。除此以外，自由、平等这两个目标之间还有内在冲突：更大的自由往往导致更多的不平等；致力于结果均等，自由就会被削弱。民主的成功不在于对民主理想的优化，而在于平衡：个体自由与政治平等间的平衡、行使合法权力的国家能力与约束它的法律和责任制间的平衡。许多民主国家尝试做得比这更多，它们制定政策促进经济增长、环境清洁、消费安全、支持科技等等。但是，真正承认公民是平等的成年人，有能力进行政治选择，这是作为自由民主制度最起码的条件。

专制政府则恰恰相反，它不承认公民尊严平等。它们可能做做样子，华丽的宪法列有丰富的公民权利，可现实却是另一回事。在相对仁慈的铁腕治下，国家对公民就像家长对待孩子一样。普通人被当作小孩子，需要明智的父母——即国家——来保护；他们不能被予以信任，自己管自己的事情。在希特勒等最糟糕的独裁者治下，富农、资产阶级、犹太人、残疾人和非雅利安人等大量人口被视作低人一等的垃圾，可以集体利益的名义被随意丢弃。

第五章 尊严的革命

要求国家承认人的基本尊严是自法国大革命以来的民主运动的核心。要解决黑格尔在主奴关系中看到的矛盾（在这种关系中，只有主人会得到承认），唯一的合理方式就是国家保障平等的政治权利。正是这个驱动美国人参加民权运动抗议，南非人站出来反对种族隔离，布阿齐兹引火自焚，民众在仰光、缅甸、基辅独立广场、开罗解放广场，在过去数百年间的无数场对抗中甘冒生命危险。

第六章
表现型个人主义

法国大革命在世界各地引发了两股政治潮流,后来发展为两种不同的身份政治,虽然当时并未用身份政治这一表述来描述相关现象。其中一股政治潮流要求承认个体的尊严,另一股要求承认集体的尊严。

第一股个人主义潮流始于一个前提:人人生而自由,对自由怀有平等的渴望。政治制度的创立应尽可能保护那种天生的自由,这符合共同社会生活的需要。自由民主国家认为,平等保护个体的自主性是道德建设的核心。

但是,自主指的是什么?前文提到,马丁·路德基于悠久的基督教传统,认为人类的自由是上帝的礼物,自由给人的尊严高于自然世界其他一切。* 但这种自由仅限于持有信仰并遵

---

* 严格地讲,路德认为,信仰是上帝的礼物,是上帝恩典的结果,不是个人仅凭意愿就能得到的东西。加尔文派把这个教义推进一步,认为个体能否得救是命中注定的,无法主动改变结果。不过,这两种教义里的信仰都突出内在自我,都劝导服从上帝的法则,而上帝法则的内容不由人来选择。——作者注

从上帝法则的能力。康德延续这个传统，提出世俗化版本的自主，核心思想是人有基于抽象的理性原则进行道德抉择的能力。康德认为，所有个体都是无因之因，能以不受物理规律影响的方式行使真正的自由意志，人的尊严就是基于这个观点。但康德的规则，如绝对律令，不是个体人选择的对象；它们是哲学思考的衍生物，无条件适用于所有人。

那么，依照这种传统，人的尊严的核心就是个体做出正确道德选择的能力，无论以宗教定义而言还是以世俗定义而言都如此。

尊严根植于人的道德抉择，这个理念得到了政治上的认可，被写入相当多部现代民主宪法，包括德国、意大利、爱尔兰、日本和南非的宪法。例如，1949年《德意志联邦共和国基本法》（German Basic Law）第一章第一条规定："人的尊严不可侵犯。尊重和保护人的尊严是所有公共机构的责任。"同样地，南非宪法第十章规定："人人生而有尊严，且有权要求其尊严得到尊重和保护。"南非宪法法院指出："尊严权是对人之固有价值的承认。"

这些宪法没有哪一部详细定义人的尊严是什么，西方世界的政客如果被问及，也很少有人能把尊严的理论基础说清道明。理解人的尊严这种说法的源起，要看用词的词源，以及历史上有关它的文字记载。1949年《德国基本法》和南非宪法里的尊严概念显然都源自康德。德国法用了**不可侵犯**一词，暗指所有其他权利都从属于这一根本权利，让人想起康德的绝对律令；南非宪法里的"固有价值"亦是如此。[1] 尊严权的基督教渊源可以从这个事实中体现出来：从 1937 年爱尔兰宪法开始，推动宪法保护人的尊严的，主要是基督教民主政党。只不过，这些宪法无一明确提及基督教，也不试图将政治权利与宗教信仰联系起来。[2]

始于霍布斯和洛克，后由 19 世纪思想家如约翰·斯图尔特·穆勒（John Stuart Mill）承续的英美自由主义传统对自主的思考就不这么形而上了。这种思想传统不围绕自由意志构建自主；在它看来，自由不过是不受外在限制地满足自身欲望和激情的能力。（霍布斯认为，人就像由自身欲望推进的机器，意志只是"斟酌中的最后一个欲望"，也就是一个人最强烈的欲望。）因此，带有基督教和康德意味的*尊严*一词，在美国宪法和《联邦党人文集》[3] 之类的立国文献里没有出现。而霍布斯认为人在自然状态里是自由的，因此从根本上说是平等的，这个观念为社会契约赖以为基的政治权利奠定了基础。霍布斯所说的生命的自然权利被融入美国《独立宣言》，体现在"生存权、自由权和追求幸福的权利"这句话中。虽说关于自主之本质的假设略有不同，但导致的政权却同样致力于平等保护个体权利。

通过赋予公民以平等权利，自由主义政治传统使主张个人自主的政治潮流得以制度化。但卢梭所谓的自主所指的内涵比"单纯"的政治参与更深刻、更丰富。卢梭觉得自己"充裕"的情感被社会压抑；他的自主是一种被社会深深异化、奋力争取解放的苦恼意识。查尔斯·泰勒是这样诠释的：

这是一种降临到我们身上的强大道德理想。它为接触自我、接触自己的内在本性赋予了决定性的道德意义,认为内在本性正处在丧失的危险中,部分原因是种种压力迫使人服从外界,但也是因为,当我视自己如工具时,我可能就已经失去了聆听内心声音的能力。[4]

卢梭是在做道德价值重估,价值重估始于路德。传统基督教认为,内在自我就是原罪的所在——我们的内心充满引导我们违背上帝律法的邪恶欲望。而普世教会定下外在的社会规则,引导我们压制这些欲望。卢梭追随路德,但他把路德的价值判断翻转过来:人的内在自我是善的,或者至少有善的潜力,是人周围的道德规则不好。卢梭还认为,自由不单是接受道德规则与否的道德抉择,它是构成真实内在自我的所有情感和情绪的充分表达。这些情感和情绪往往通过艺术得到最佳表达。

莱昂内尔·特里林(Lionel Trilling)在《诚与真》(Sincerity and Authenticity)一书中精彩地解释道,后卢梭时代,从狄德罗的《拉摩的侄儿》(Rameau's Nephew)和歌德的《少年维特的烦恼》(Sufferings of Young Werther)开始,欧洲文学兴起了一种新的写作风格,赞美的是无法在社会上安身、一心只想如实表达自己的创造性天赋的艺术家。梵高、卡夫卡之类的人物,生前无人欣赏,身后都成了符号式的人物,象征着市侩社会何其愚钝,欣赏不了他们所代表的个体性的深度。

这种文学感受力的转变反映出欧洲道德共识更深刻、更根本的瓦解。教会制度曾决定着欧洲的道德边界,但因为它与民

第六章　表现型个人主义

主化之前的政治现状相关，遭到伏尔泰（Voltaire）等启蒙思想家越来越猛烈的抨击。但是，对基督教义根本事实的质疑声也越来越大。例如19世纪早期的自由主义神学家戴维·施特劳斯（David Strauss）在《耶稣传》（Life of Jesus）一书中提出，基督应该仅仅被视为一个历史人物而非真的上帝之子。[5] 19世纪后期，这个趋势在尼采的思想中达到顶点。尼采承认上帝活过，为欧洲社会建立了清晰的道德边界。但是，随着信仰的瓦解，上帝已经死了，留下的道德空白可能会被别的价值填补。与传统的道德主义者不同，尼采欢庆这一事实，因为它极大地扩展了人类自主的范围：人不仅可以像路德、康德所说的那样，自由决定是否接受道德法则，还可以自己为自己创造法则。尼采认为，艺术表达的最高形式是价值创造这种行为本身。最自主的人是他书中的人物查拉图斯特拉。基督教上帝一死，查拉图斯特拉就宣布重估一切价值。

现代自由社会继承了共同宗教边界消失后的道德混乱。宪法保护个体尊严和个体权利，而尊严的中心似乎就是个体做出道德抉择的能力。但是，抉择的范围呢？抉择仅限于接受或拒绝周围社会规定的整套道德规则，还是说，真正的自主也包括创造规则的能力？20世纪，西方社会共同的基督教信仰衰落了，来自其他文化的不同规则和价值，还有什么也不信的选择，开始取代传统的规则和价值。伴随着市场经济及其所需的普遍社会流动，价值领域之外的个体抉择也开始扩展：职业、配偶、住房和牙膏品牌，人们都可以自己挑选。按理说，他们在道德价值方面应该也有的选。到20世纪后期，在现代民主国家，对个体自主范围的理解极大拓宽，出现了所谓表现型个人主义的尽情绽放。从尼采的《善恶的彼岸》(*Beyond Good and Evil*)，到美国联邦最高法院大法官安东尼·肯尼迪（Anthony Kennedy）在1992年"计划生育协会诉凯西案"中明确肯定自由即"人有权定义自己关于存在、意义、宇宙和人类生命奥秘的看法"，有一条清晰的思想发展脉络。[6]

这样理解自主的问题在于，共同价值观发挥着一个重要功能：让社会生活成为可能。如果连起码的文化共识都没有，我们就不能合作完成任务，也不会认为同一种制度合法；我们甚至都无法互相交流，因为没有彼此都能理解的共同语言。

个体自主的扩展式理解存在的另一个问题是，并非人人都是尼采式的超人，都想重估一切价值。人是社会动物，人的情感倾向驱使他们想要服从周围的规范。共同的、稳定的道德边界消失后，各种各样的价值系统自说自话，大多数人对于新得的选择的自由并不开心。相反，他们觉得很不安全，觉得疏离，因为他们不知道他们的真实自我是什么。身份危机指向了表现型个人主义的反面，即寻找可以把个体重新结成社会团体，并重建一个清晰的道德边界的共同身份。这种心理上的事实为民族主义打下基础。

大多数人不具备自己独有的个体无限深度。他们以为的真实内在自我，实际上是由他们与别人的关系构成，由那些人提供的规范和期待构成。巴塞罗那某个人突然意识到她的真实身份是加泰罗尼亚人，不是西班牙人，这不过是在更接近表面的层次下面挖出了更深一层的社会身份。

承认和尊严的政治在19世纪初兵分两路。一路走向普遍承认个体权利，也就是走向自由社会，想给公民的个体自主一个无限扩张的范围。另一路走向主张集体身份，两个主要表现是民族主义和政治化宗教。19世纪后期，欧洲自由运动和民主运动双双兴起，它们都要求个体得到普遍承认，排他型民族主义崛起的不祥乌云最终点燃了20世纪上半叶的世界大战。在当代伊斯兰世界，穆斯林正在成为一种集体身份，即要求承认伊斯兰教的特殊性，承认它是政治社群的基础。

这种方向上的双重性——既向着普遍承认个体权利的方向，也向着基于民族的集体承认，在卢梭笔下表现明显。卢梭有很多时候既赞赏和平的孤独遐想者，也赞赏军事化的公共意志。这两个方向在法国大革命初期就同时存在，大革命举了两面旗，一面是普世之旗，为无国界人权呐喊，另一面是法兰西民族之旗，号召保护**祖国**法兰西，抗击外国入侵。大革命被拿破仑绑架以后，拿破仑也是同时追求两个目标，既用武力传播自由主义的拿破仑法典，又将法国的宗主权强加于被他征服的欧洲各国。

"阿拉伯之春"和乌克兰的尊严革命也有这种双重性。中东数百万阿拉伯公民可能同情布阿齐兹，但他们不是个个都想在不论宗教信仰、平等承认所有公民权利的社会里生活。突尼斯的本·阿里和埃及的穆巴拉克等人的专制政权是机会均等的，他们都是世俗主义者，不光压制亲西方的自由主义者，也压制伊斯兰主义者。支持自由派继任者掌权的人和想要为民族身份寻找宗教定义的伊斯兰主义者产生了激烈对抗。伊斯兰主义的穆斯林兄弟会于2012年通过民主选举在埃及掌权，扬言要建立一个自己的制度，导致军方于2013年6月发动政变。许多昔日的埃及自由主义者支持这场夺权行动，以防埃及变成一个宗教国家。

同样，基辅独立广场的尊严革命的基础是亲西方的自由主义者联盟，他们希望乌克兰加入欧盟，成为一个正常的欧洲国家。但他们和右区党（Right Sector）等团体的乌克兰民族主义者携起了手，这些团体主张保护独立的乌克兰文化身份，对建设自由开放的乌克兰兴趣寥寥。

我们将在第十章和第十一章回过头来讨论，在过去的这个世纪里，对于尊严和自主的个人主义式理解在自由社会是如何演变的。同时，我们还会更细致地考察集体身份的两种形式：基于民族主义的集体身份和基于宗教的集体身份。

民族主义和伊斯兰主义（政治上的伊斯兰教）可被看成同一枚硬币的两面。二者都是在表达一种寻求公开承认，却被隐藏、被压抑的群体身份。而且，两种现象发生的情境相似，都是因为经济现代化和快速的社会变革削弱了旧的社群形式，代之以混乱多元的非传统联系形式。

第七章
民族主义与宗教

路德、卢梭、康德、黑格尔对尊严有不同的理解。但他们都是普世主义者,相信人人尊严平等,因为人人都有内在自由的潜能。只是,对承认的渴求往往表现为一种特定的形式,集中于某个未受尊重的边缘化群体的尊严。对许多人来说,需要被人看见的内在自我并不是一个一般人类的内在自我,而是来自一个特定地点、遵循特定风俗的一种特定的人的内在自我。这些不完全的身份可以基于民族,也可以基于宗教。因为它们要求所涉群体的尊严得到承认,所以它们变成了政治运动;我们称为民族主义或伊斯兰主义的,就是这样的政治运动。

承认之争不再关注普遍存在的个体自由,而是关注基于特定民族、特定文化特征的集体自由,在这一转变过程中发挥关键作用的思想家是18世纪晚期的约翰·戈特弗里德·冯·赫尔德(Johann Gottfried von Herder)。他是康德的学生和同代人。赫尔德经常遭人批评,因为他被视为现代欧洲族裔-民族主义之父，一位歌颂原始人民（Volk）的作家，希特勒在年代上相距遥远的思想先驱。

这种观点对于一位在英语世界缺乏了解和研究的思想家来说是非常不公平的。赫尔德认同康德的许多有关人类平等的启蒙观点，但他花了更多时间广泛阅读欧洲人的旅行文学，了解这些去过神秘异乡的人记下的地方风俗。在《反思人类历史哲学》(Reflections on the Philosophy of the History of Mankind)一书中，赫尔德明确指出，人类是一个单一的物种，他批评那些想把世间人种分成三六九等的作家。他同情非洲人沦为奴隶的痛苦，认为文化可以根据女性的待遇论高下。早在现代遗传学问世之前，他对于生物特性和环境在塑造行为方面的复杂关系就有着令人赞叹的高深见解。[1]

但是，赫尔德认为，每个人类社群都独一无二，独立于与它毗邻的社群。他认为，气候和地理对不同民族的习俗有过巨大影响，每个民族通过适应当地环境表现出各自的"天赋"。黑格尔认为非洲与人类历史无关，不值一提，赫尔德则不同，他对欧洲以外的文化视以同情的眼光。他像一位当代的文化人类学者一样，更乐于描述而不是评价其他民族。而且，在欧洲人开始在全球大举殖民之前，他就发出了一则当代国家构建者可能谨记于心的忠告："不要幻想着人类艺术可以凭借暴君的权力将一片异域一举变成另一个欧洲。"[2]

赫尔德与现代民族主义的关系很明显。他的著作想要帮助人们欣赏世上每一个民族的独特习俗和传统。和卢梭一样，他不相信晚近历史时期的人民一定比早先的"原始"人民更好、更快乐。他也认为，社会可能迫使我们扮演虚假角色。就此而言，他的立场与黑格尔截然不同。比他晚一代的黑格尔主张历史是普世的、向前进步的。[3]

赫尔德将他的文化真实性观念应用于他那个时代的德国。那时的德意志被分成无数小型的王国和公国，多国想要效法法国凡尔赛宫廷的辉煌与文化。赫尔德主张，德国人应以自己的文化传统为荣，不要当二流法国人。他要求承认，不是承认人权里那个抽象的"人"，而是承认他的民族，并由此扩展，承认所有其他人类社群。

从法国大革命到1914年一战爆发，这之间"漫长的19世纪"里出现了两种尊严、两种身份观的相互竞争。一种追求承认普遍人权（那时的"人"未必包含女人），另一种追求承认被压迫、被束缚的具体民族的尊严。这些不同的尊严——普遍的和民族的——争斗了数十年，比如1848年革命的斗争就是既以自由权利之名，也以民族自决之名。20世纪初，自由主义的尊严加进来另一种普世主义学说：为无产阶级权利而斗争的马克思社会主义。两次世界大战期间，自由主义运动和社会主义运动都反对民族主义。1945年法西斯主义失败后，两款普世主义学说在冷战期间崛起，成为世界的两极，全球政治围绕着这两种学说组织展开。但民族主义从未被彻底否定，尽管有欧盟这种专门设计出来限制民族主义的机构，它还是作为一股新力量在21世纪东山再起。

要理解民族主义的兴起，观念很重要，不过，重要的社会经济变化也在发生，为民族主义现身19世纪欧洲提供了基础。

中世纪的旧欧洲秩序是按照社会阶级而等级化、层级化的，封建主义则把欧洲人口分割到无数个小辖区里，为的是把他们禁锢在本地。

现代市场经济则恰恰相反，靠的是劳动力、资本和思想从它们的盛产地自由流向高回报地区。自由社会提供的普遍承认尤其有助于资本主义发展，因为它保护个体从事商业活动的自由，不受国家干预，维护他们的私有财产所有权。所以，自由主义成了经济增长的基础，当时最自由的两大社会——英国和美国引领驱动了19世纪至20世纪初的工业化，也就没什么好惊讶的了。

但是现代市场经济也需要民族主义和基于民族的身份这类东西。民族主义这种学说认为，政治边界必须和文化社群相对应，而文化基本上由共用的语言来确定。在前现代欧洲，法国是一片多语种拼成的区域，除巴黎的法语外，还有布列塔尼语、皮卡迪语、佛拉芒语、普罗旺斯语。在欧洲的其他地方，庄园里的农民说的语言经常跟领主不一样。直到19世纪，拉丁语还是哈布斯堡王朝的宫廷语言。整个中东欧，德意志人、波兰人、摩拉维亚人、乌克兰人、匈牙利人以及许多其他只关心自身利益的小型社群杂糅混居。这些都抑制了工业化社会的劳动市场需求的流动性。正如社会人类学家欧内斯特·盖尔纳（Ernest Gellner）所释，"基于大功率技术和持续增长期望的社会出现了，这种社会既需要非固定的劳动力分工，也需要陌生人之间持续、频繁、准确的沟通。"这就需要统一的民族语言，需要一个由国家资助的教育系统以弘扬民族文化。"个体的可雇佣

第七章　民族主义与宗教

性、尊严、安全、自尊……如今取决于他们的**教育**……现代人不忠于某位君主、某块土地、某种信仰——随他怎么说——而是忠于某种文化。"[4]

但民族主义也诞生于工业化孕育出来的严重焦虑。试想，一位叫汉斯的青年农民长在萨克森（Saxony）的某个小村庄。他的生活是固定的：住祖父母、父母住过的房子，和父母认可的女孩订婚，由当地牧师施洗，打算像他父亲一样在同一块田地上劳作一生。汉斯不会想到"我是谁"这种问题，因为身边的人已经代他回答。但是，他听说迅速工业化的鲁尔（Ruhr）山谷出现了大把机会，所以他去了杜塞尔多夫（Düsseldorf），在那里的钢厂找到了一份工作。

现在，汉斯跟数百个和他一样的年轻人同住在一间宿舍，他们来自德国西北各地。人们说的是各种方言，他遇到的人有些根本不是德国人，而是荷兰人、法国人。他不再被父母和村里的牧师管着，而且发现有人宗教信仰跟他村里的人不一样。他还是坚持要与未婚妻成婚，但对他遇到的当地女人也产生了兴趣，他觉得他的个人生活有种焕然一新的自由感。

同时，汉斯也有困扰。以前在村子里，他身边有亲戚朋友，他们了解他，在他生病或者收成不好的时候会帮他。可对于他的新相识、新朋友，他可不能像对村子里的人那样拿得准，他也不确定他的新雇主——那家大公司——会不会关照他的利益。他听说一些共产主义者正在他的工厂推动创建工会，但他听别人说过那些人的坏话，所以对他们也信不过。报纸上尽是说法不一的议会斗争故事，他拿不准该听谁的。汉斯怀疑，这些吵来吵去的政党全是自私的,并不想代表他的利益。他所在的德国地区已经是庞大帝国的一部分,他可以为帝国骄傲,但这个帝国正在飞速奔向不确定的未来。他觉得孤单,与他周围的环境有隔阂。他思念他的小村庄,但也不想回到那里去,因为回去就意味着自己失败了。汉斯平生头一次能选择该怎么度过他的一生,但他不清楚自己到底是谁,想成为什么。身份,这个在村子里不成问题的问题,现在成了核心。

用19世纪社会理论家斐迪南·滕尼斯(Ferdinand Tönnies)的话概括,汉斯的故事体现了从**礼俗社会**(Gemeinschaft)到**法理社会**(Gesellschaft)的转变,或者,从(乡村)社群到(城市)社会的转变。这个转变在19世纪曾被数百万欧洲人经历,如今则正在中国、越南等快速工业化的社会发生。

从礼俗社会到法理社会的转型引发的心理混乱,为一种民族主义的意识形态打下了基础。这种意识形态基于对一种强大社群的幻想过往的怀旧情绪,在这些团体中,现代多元社会的分裂和混乱尚不存在。早在20世纪30年代希特勒兴起之前,德国作家已经在哀叹礼俗社会的失落,他们认为他们看到的是自由主义都市社会的扭曲。

历史学家弗里茨·斯特恩(Fritz Stern)分析了许多早期宣扬德意志身份的思想家,如影响巨大的辩论家、《圣经》学者保罗·德·拉加德(Paul de Lagarde)。拉加德生活在19世纪晚期俾斯麦治下刚刚统一的德国。德国那时正在经历经济增长奇迹、工业化,以及军事和政治实力的勃兴。但是,在他无数的文章和文集(于1886年集结为《德意志文集》[*German*

Writings]）中，拉加德在自己身边只看到文化衰退：德意志精神沦落成追寻自我，这是基于理性与科学的自由主义学说的结果。老德国是一种美德，是强大的社群，要让它回来。他想有种新的宗教，把基督教和"德国人的民族特性"融为一体，这样的信仰会成为民族新身份的基础。拉加德写道，"一旦国家［人民］有且仅有一个意志，所有矛盾就会消除。"拉加德堪称学术弃儿，他认为自己诠释《七十士译本》（Septuagint）的工作足以扬名，但是未能如愿；与德国人民团结一致，一下子成了个人孤独的解决之道和以个体学者之身无法抵达的尊严之源。[5]

像朱利叶斯·朗本（Julius Langbehn）、阿瑟·莫勒·范登布鲁克（Arthur Moeller van den Bruck）及其他19世纪德国民族主义者一样，拉加德认为德国人民深受外部力量之害。拉加德用阴谋论解释德国文化何以衰退：犹太人是自由主义现代性的携带者，他们把自己安插进新现代德国的文化生活，普世主义的民主观念和社会主义观念随之而来，损害了德国人民的团结统一。要让德国再次伟大，在他设想的新秩序里，犹太人必须被消灭。

尼采、恩斯特·特勒尔奇（Ernst Troeltsch）、托马斯·曼（Thomas Mann）等知识分子读了拉加德之后都支持他的观点，他的著作后来被纳粹广泛发行。[6] 他回应了民众从农村社会向现代城市工业社会转型时的焦虑，这场数百万欧洲人亲历的转型把身份问题推到了前沿。就是在这个时候，个人问题变成了政治问题。思想家拉加德给困惑农民汉斯的答案很简单：你是个骄傲的德国人,是古老文化的继承者,共同的语言让你和散落在中东欧的数百万德国人相关联。孤独且困惑的工人现在有了清晰的尊严感,这种尊严,他现在意识到,被潜入他的社会里的坏人侮辱了。

基于共同文化、共同语言的身份的新形式释放出新的激情,因为这些新的文化群体生活在类似奥匈帝国的旧式管辖区内,而旧式的管辖区基于的是王朝纽带,不是文化。把散落各地的德国人团结到同一个**帝国**之下,成了此后从俾斯麦到希特勒的三代领导人的政治工程。其他民族——塞尔维亚人、波兰人、匈牙利人、俄罗斯人——也在寻求建立或巩固基于族裔-民族主义的国家,而这将把欧洲推向20世纪上半叶两场毁灭性的世界大战。

身份在当时的殖民地也是一个关键问题。欧洲列强掌控下的亚非拉地区没有像欧洲一样整体走向工业化。它们经历着所谓的"没有发展的现代化",也就是只有城市化和社会剧变,没有持续经济增长。它们有了新的大城市,由一小群本地精英与殖民列强合作治理它们的领土。精英成员受欧式教育,说都市语言,但是他们内心觉得后天身份与伴随他们成长的本地传统之间存在激烈冲突。民族主义在欧洲蔓延的同时,也在欧洲的殖民地扎根,到20世纪中叶,终于导致印度、越南、肯尼亚、阿尔及利亚等地以民族解放为名的公开反抗。殖民世界的民族主义也导致知识分子对文化进行革命。比如,艾梅·塞泽尔(Aimé Césaire)、莱昂·达马斯(Léon Damas)、利奥波德·桑戈尔(Léopold Senghor)等黑人作家提出黑人性(Négritude)

的概念，帮助黑人从自己的种族和遗产中汲取自豪感，彻底转变殖民体制对他们的贬低。

欧内斯特·盖尔纳是一位民族主义的理论大家。他提出，应从类似的现代化和身份视角来理解现代伊斯兰主义。民族主义和伊斯兰主义都植根于现代化。从礼俗社会到法理社会的转变也在当代中东发生，农民和牧民离开乡村，前往开罗（Cairo）、安曼（Amman）、阿尔及尔（Algiers）之类的城市。同时，数百万穆斯林踏上了另一条现代化之路：他们移民到欧洲或其他西方国家寻求更好的生活，在马赛（Marseille）、鹿特丹（Rotterdam）、布拉德福德（Bradford）安顿下来，在这些地方遇到了陌生的文化。此外，现代世界通过半岛电视台或CNN卫星电视进入了他们的村庄。生活在传统乡村、本来没有多少选择的人，突然就面对着一个多元的世界，在那个世界里，生活方式多种多样，他们的传统规范得不到尊重。

身份问题对生长在西欧移民社群的穆斯林二代青年来说尤其尖锐。他们生活在虽已基本世俗化，但却有着基督教渊源的社会，那样的社会不为他们的宗教价值观和实践提供公共支持。他们的父母往往来自封闭的乡村社群，信的是本地化的伊斯兰教，如苏菲派。像许多移民子女一样，他们急于跟父母的旧式生活方式拉开距离。但是他们难以融入身边的新欧洲：青年失业率高过30%，穆斯林失业尤为严重，而且，在许多欧洲国家，能否成为主导文化社群之一员，仍与族裔挂钩（这个问题稍后再讨论）。

这种情境下，身份的困惑愈发尖锐，就像欧洲人在19世纪城市化之初经历的那样。如今，对有些穆斯林来说，解决困惑的方法不是成为某个国家的一员，而是成为一个更大的宗教集体——乌玛（umma）的一员。乌玛是一个信仰者社群，以某个政党为代表，比如埃及的穆斯林兄弟会、土耳其的正义与发展党（Justice and Development Party）、突尼斯的复兴党（Ennahda）。像典型的民族主义者一样，当代伊斯兰主义者对问题既有诊断，也有明确的解答：你属于一个骄傲且古老的社群，外部世界不尊重你这个穆斯林，我们提供办法，让你与真正的兄弟姐妹相通相连，如此一来，你就是一个伟大信仰者社群的成员，你的社群遍布五湖四海。

这种对身份自豪感的维护可以解释过去这一代时间里伊斯兰世界发生的变化。曾有很长一段时间，中东地区的受教育民众穿着西式服装，遵从西式习俗蔚然成风；如今，在埃及、土耳其、约旦等中东国家，大量穆斯林青年女性又戴上了头巾，有的套上了面纱等更束缚女性的服饰。这些女性当中，许多确实是虔诚的穆斯林，但也有一些并不特别信仰什么宗教；戴头巾更像一个身份符号，表示她们为自己的文化自豪，不怕被公开认作穆斯林。

主流的伊斯兰主义政党（如上文提到的那些）愿意参与民主政治，并在投票中胜出，得以进入政府。他们信誓旦旦承诺民主，但世俗派政敌总是高度怀疑他们的长远目标。民族主义者，无论19世纪的还是今天的也是如此：他们遵守民主规则，但是怀有潜在的非自由主义倾向，因为他们渴望社群和统一。

和民族主义的情况一样，更极端的政治化宗教不乏意识形态鼓吹者,如奥萨马·本·拉登或者"伊斯兰国"的创始人阿布·贝克尔·巴格达迪(Abu Bakr al-Baghdadi)。他们的叙事更加将自己描述成美国、以色列、叙利亚阿萨德政权或伊朗的受害者,他们主张建立更紧密的社群,共同致力于暴力和直接政治行动。

法国的中东学者奥利维尔·罗伊(Olivier Roy)指出,近期的许多恐怖分子背景相似,如2015年巴黎巴塔克兰剧院恐袭的制造者:他们是欧洲的二代穆斯林,但却抛弃了父母信奉的那种伊斯兰教。(在新一代"圣战"者当中,约有25%是后来皈依伊斯兰教的,他们的个人经历与生来就是穆斯林的"圣战"者很相似。)[7] 他们小时候看似西化,饮食、恋爱和看体育比赛等习惯与西方人接近,总之,看似融入了周围环境。但是,许多人找不到固定工作,走了下坡路,沦落到违法犯罪进局子的地步。他们活在他们自身社群的边缘,没有特别虔诚的过往,对宗教也不是特别感兴趣,直到看了激进阿訇的视频,或者被监狱里的传教士改宗,突然便"重获新生"。当他们现身叙利亚,蓄着长须,举着AK47,或是策划袭击屠杀他们的欧洲同伴后,家人都说这样的转变让人震惊、无法理解。罗伊说,这并不是伊斯兰教的激进化,而是激进主义的伊斯兰化——这种过程来自同一种异化现象,这种异化现象也曾推动过早先的极端主义者,不论是拉加德这样的民族主义者还是托洛茨基这样的共产主义者。[8]

罗伊的"圣战"者形象显示,"圣战"恐怖主义背后是个人心理动机而非宗教动机,反映出某些个体亟待解决的身份问题。欧洲二代穆斯林尤其被夹在两种文化中间,父母的文化他们不接受,接收国的文化又不完全接受他们。与之形成鲜明对比的是,伊斯兰教的激进势力给了他们社群归属、接纳和尊严。罗伊认为,变成恐怖分子、搞自杀式炸弹袭击的穆斯林与全球数十亿穆斯林相比微乎其微。贫穷、匮乏,或是对美国外交政策单纯的不满并不必然导致极端主义。恐怖分子当中,许多人出身于优渥的中产阶层,许多人对政治无感,在一生中的大多数时候对全球政治漠不关心。无论是这些议题还是任何真正的宗教性对他们的驱使作用都比不上对明确的身份、意义和自豪感的需要。他们意识到,他们有一个未被承认的、外部世界企图压制的内在自我。[9]

奥利维尔·罗伊因为如此诠释当今的"圣战",以及对它的宗教维度轻描淡写,遭到了学界的尖锐批评,以他的法国同胞、伊斯兰学者吉尔·凯佩尔(Gilles Kepel)为甚。凯佩尔认为,向暴力和极端主义的转变和那些正在全球传播的宗教教义脱不开干系,尤其是来自沙特、超级保守的萨拉菲派。他指责罗伊和法国左派的许多人为伊斯兰教开脱,谎称"圣战"与特定的宗教无关。还有人指出,许多恐怖分子并不符合罗伊的描述。[10]

罗伊和卡佩尔之争的核心是一个关键问题:21世纪初期伊斯兰激进主义兴起最好应该被当作身份问题来研究,还是说,它根本上就是个宗教现象?换言之,它是我们这个时代的社会学副产品,是现代化、全球化引发的混乱,还是代表某一特定宗教的恒久特征,以及观念激励人类行为的独立作用?对这个问题的回答是了解如何在实践中应对这一困境的关键。

但是,这两种不同的阐释并不相互排斥,它们可以互为补

第七章 民族主义与宗教

充。奥利维尔·罗伊正确的地方在于，世界上的绝大多数穆斯林并不极端，这就意味着，解释极端主义必须基于个体经验和社会场景。卡佩尔的正确之处则在于，对社会不满的欧洲穆斯林青年没变成无政府主义的工团主义者或共产主义者，而是变成了宣扬某种特别的伊斯兰教的"圣战"分子。而且，以前的青年就算变激进了也不会搞自杀袭击把自己炸死，是特定的观念激发了这种做法。

社会变革和意识形态也分别推动了欧洲的民族主义。在德国等欧洲国家，快速现代化导致的身份混乱曾为民族主义奠定了基础。但是，嚣张且极端的民族主义（以希特勒和他的纳粹党为代表）并不是唯一的罪魁祸首。法、英、美等国也经历过类似的社会变革，它们可能也受到了诱惑，但最终并没有屈从于类似的极端民族主义学说。得要有希特勒那样高超的政治野心家和煽动家，加上德国 20 世纪二三十年代经历的巨大经济混乱，纳粹运动才能兴起。

同样，在今天的中东，许多穆斯林为身份感到困惑，转而在宗教中寻找"我是谁？"的答案。这个转变可能以没有危险的形式表现出来，例如戴头巾上班、穿布基尼去海滩。但是有些人却以政治激进主义和恐怖主义的形式做出了更暴力、更危险的转变。早在 20 世纪初的时候，民族主义学说就曾与国际和平产生矛盾；在 21 世纪的伊斯兰世界，身份政治的极端表现形式正面临着相似的困境。

因此，民族主义、伊斯兰主义可被视作同一种类的身份政治。这么说并不能充分表现两种现象的复杂性和特殊性。但它们确有许多重要的相似之处。它们都是在从传统、孤立的农业社会向连接着一个广阔且多样的世界的现代社会转型时现身世界舞台的。它们都提供了一种意识形态,解释人为什么会感到孤独和困惑,都兜售受害者身份,把个体的不幸处境归咎于一群群外人。而且,它们都要求界限清晰的尊严承认,不是承认所有人的尊严,而是承认特定民族或特定宗教群体成员的尊严。

第八章
错误的地址

21世纪第二个十年的显著特征之一是，塑造全球政治的新动态力量是民族主义或宗教性的政党和从政者——这是身份政治的两张面孔——不再是在20世纪政治中突出的基于阶级的左翼政党。

民族主义可能最初是由工业化和现代化触发的，但它绝没有在地球上消失，包括在那些好几代以前就完成工业发展的国家。一些新的民粹式民族主义领导人通过选举获得了民主合法性，他们强调国家主权和民族传统。这些领导人包括俄罗斯的普京、土耳其的埃尔多安、匈牙利的奥尔班、波兰的卡钦斯基，以及美国的特朗普——他的竞选口号是"让美国再次伟大"和"美国优先"。英国脱欧没有明确的领导人，但它的基础推动力也是对国家主权的重申。民粹主义政党在法国、荷兰和整个斯堪的纳维亚半岛蓄势待发。民族主义言论还不局限于上述领导人，印度总理莫迪、日本首相安倍晋三都被认定有民族主义思想。

与此同时，宗教作为政治现象势头正盛。这在阿拉伯中东地区最明显。2011年"阿拉伯之春"因穆兄会等伊斯兰团体和"伊斯兰国"等激进恐怖组织而脱离正常轨道。虽然激进恐怖组织在叙利亚和伊拉克几乎已经在军事上溃败，但伊斯兰主义运动仍在孟加拉国、泰国、菲律宾等多国蔓延。在印度尼西亚，雅加达特区信奉基督教的区长钟万学（Basuki Tjahaja Purnama［Ahok］）颇得人心，遭到日益张扬的伊斯兰主义团体的攻击，说他亵渎真主，结果在连任竞选中以微弱劣势落败，随后被判入狱。政治化宗教还不止伊斯兰教这一种。莫迪总理的印度人民党（Bharatiya Janata Party）显然是建立于一种印度教对印度民族身份的理解之上的。激进的政治化佛教正在斯里兰卡、缅甸等南亚和东南亚国家蔓延，已经与当地穆斯林团体和印度教团体爆发冲突。在日本、波兰、美国等民主国家，宗教团体成为保守联盟的组成部分。在以色列，政治秩序在独立后一代人期间曾被工党（Israel Labor Party）和利库德（Likud）这两个欧洲风格的意识形态政党主导，如今越来越高比例的选票被投给了沙斯党（Shas）、以色列正教党（Agudath Israel）等宗教政党。

相比之下，在世界各地，以阶级为基础的老左翼一直在衰落。东欧和苏联的共产主义政权在1989年至1991年间相继结束统治。塑造战后两代西欧政治的主导力量之一——社会民主正处于颓势。德国社会民主党（German Social Democratic Party）在1998年得票率超过40%，2016年降到20%出头；法国社会党在2017年彻底消失了。总体而言，从1993年到

第八章　错误的地址

2017年，中左翼政党在北欧得票率从30%减到24%，在南欧从36%减到21%，在中欧从25%减到18%。它们仍是主要的政治力量，但这一时期的趋势一目了然。[1]

全欧洲的左翼政党在20世纪90年代都转向中间派了，它们接受市场经济逻辑，许多左翼政党变得难以和它们的中右翼联盟伙伴相区分。中东地区在冷战期间一直有共产主义和别的左翼团体，有个自诩共产主义的政权甚至一度在南也门掌权。不过，自那以后，它们便彻底走向边缘化，被伊斯兰主义政党超越。20世纪90年代至21世纪第一个十年，左翼民粹主义表现强势，主要活跃于拉美部分地区，代表有委内瑞拉的乌戈·查韦斯（Hugo Chávez）、巴西的路易斯·伊纳西奥·卢拉·达席尔瓦（Luiz Inácio Lula da Silva）、阿根廷的基什内尔夫妇（Kirchners）。但这波浪潮已退。英国的杰里米·科尔宾（Jeremy Corbyn）、美国的伯尼·桑德斯（Bernie Sanders）的强势表现可能是左翼民粹卷土重来的先兆，但没有哪个地方的左翼政党仍像它们在20世纪晚期那样主宰政坛。

考虑到这三十年里全球不平等现象的加剧，从许多方面来说，左翼在世界范围内的衰弱都是个令人惊讶的结果。我说的全球不平等现象，指的是各个国家内部的不平等在加剧，不是国与国之间。贫穷国家和富裕国家之间的差距已经缩小，因为东亚、拉美、撒哈拉以南非洲等地区都出现了高水平增长。但正如经济学家托马斯·皮卡蒂（Thomas Piketty）所示，自1980年以来，世界各地国家内部的不平等大幅增长，与经济学家西蒙·库兹涅茨（Simon Kuznets）长期被接受的理论相反，富裕国家内部的收入差距一直在拉大而不是缩小。[2] 全世界没有哪个地方没出现新的寡头阶层，亿万富翁把他们的财富用在政治上，以保护他们的家族利益。[3]

经济学家布兰科·米拉诺维奇（Branko Milanovic）曾画过一张"象图"，被人们广泛引用。这张图展示了全球收入分布中不同阶层人均收入的相对增长水平。1988年至2008年间，生产率提高和全球化让世界富了很多，但这些收益并非平均分布的。百分位排名在20位至70位之间的阶层收入大量增长，百分位排名在95位的阶层收入增加更多。但百分位排名在80位左右的那部分全球人口不是增长停滞就是只有边际增长。这个群体主要对应的是发达国家的工人阶级，也就是那些只有高中学历或以下的人。他们比下有余，但是比收入分布顶端10%的那些人明显逊色许多。换言之，他们的相对地位下降得很厉害。

在发达世界内部，不平等最突出的是英国和美国，这两个国家于20世纪80年代在撒切尔和里根治下引领了"新自由主义"的亲自由市场改革。在美国，20世纪80年代和90年代的强劲增长并非是均匀分布的，而是主要流向了受到良好教育的阶层。自认中产阶层核心的美国老工人阶级每况愈下。国际货币基金组织研究显示，中产阶级在空心化，2000年至2014年间，收入相当于中位数50%至150%的人，在总人口中的占比从58%降到了47%。在减少的这些人中，只有0.25%的家庭进入了收入更高的层级，有惊人的3.25%落到了收入阶梯的更低层。[5] 这种不平等因2008年金融危机而加剧，金融业的

第八章　错误的地址

表1　以全球收入水平看实际人均收入的相对增长，1988—2008年[4]

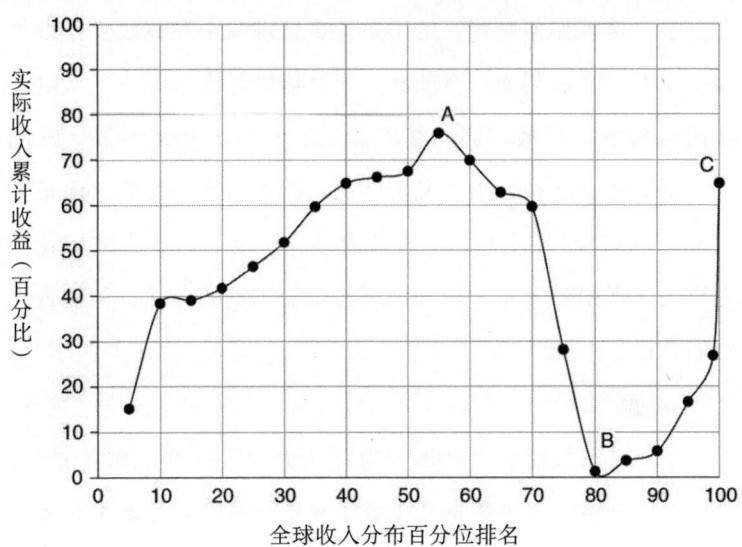

阴谋和政策选择制造了资产泡沫，泡沫破裂后，数百万普通美国人和全世界无数人的工作与积蓄毁于一旦。

在这种情况下，可以想见民粹主义左翼会在最为不平等的国家大举复活。自法国大革命以来，左翼一直以推动经济平等的党派自居，愿意动用国家权力将财富从富人手中再分配给穷人。然而，全球金融危机之后发生的事情却恰恰相反，右翼民粹式民族主义势力在多个发达国家兴起。美国和英国最是如此，去工业化使这两个国家的老工人阶级遭受重创。在美国，金融危机引发了左翼的占领华尔街运动和右翼的茶党运动。前者又是游行又是示威，然后渐渐销声匿迹；后者成功接管了共和党和大半国会。2016年，选民没有支持最左翼的民粹主义候选人，而是选了民族主义政客。

左翼未能利用日益加剧的全球不平等,民族主义右翼代之上位,这该如何解释?这不是什么新现象:左翼政党不敌民族主义者,百余年来一直如此,而且恰恰是在穷人或工人阶级选民这种本该是最牢固的基本盘之间。1914年的时候,欧洲工人阶级并不是在社会主义国际的旗帜下站在一起的,而是于"一战"爆发时与他们的民族政府站在一起。这次失败曾让马克思主义者困惑多年。用欧内斯特·盖尔纳的话说,他们告诉他们自己:

> 就像极端的什叶派穆斯林认为大天使加百利搞错了,把本该传给阿里的讯息传给了穆罕默德,马克思主义者也喜欢这样想:历史的精神或者人类的观念犯了个愚蠢的错误。这条唤醒信息本该给**阶级**,却因为可怕的投递失误被送给了**民族**。[6]

同样,在当代中东,一封给阶级的信被送给了宗教。

投递失误之所以发生,是因为经济动机与身份议题在人类行为中是相互交织的。你穷,周围的人就看不见你,因为不被别人看见而感到的不尊重往往比缺乏资源更糟糕。

第九章
看不见的人

经济学家认为，人类是被他们所称的"偏好"或"效益"，即对物质资源或商品的欲望所驱动。他们忘了激情，也就是灵魂里渴望得到他人承认的那个部分，可以是平等激情——被承认与他人在尊严上平等，也可以是优越激情——被承认高人一等。许多我们传统认作物质需求或欲望驱动的经济动机，实际上是一种激情式的欲望，渴望尊严或地位得到承认。

以同工同酬的议题为例，数十年来，这个议题一直是女性权利运动的核心。过去五十年来，女性在劳动大军中的力量空前壮大，但是大量的关注都被放在了职场天花板的问题上，也就是女性被排除在高管职位之外，最近则是被排除在硅谷科技公司的高层之外。现代女权讨论的许多问题，不是想当消防员或海军陆战队员的工人阶级女性设定的，而是由渴望接近社会层级最顶端、受过教育的职业女性设定的。

在这个群体中，要求同工同酬的真实动机是什么？绝不是任何传统意义上的经济动机。女律师想成为合伙人,结果却不被考虑,或者当上了副总裁,但是薪酬比同级别的男同事低10%,这绝不是在经济上被剥削:她可能在全国收入分布中高居百分位排名的最顶端,经济上什么都不缺。即便她和她那个同级男同事领的薪水是各自工资的两倍,问题也依然存在。

女性在这种情况下感到愤怒与其说是因为资源不如说是因为公正:她从公司领的薪酬之所以重要,不是因为薪酬提供所需的资源,而是因为薪酬是尊严的标志;公司付给她的薪酬低于同级男同事,就等于在告诉她,她的价值低于男性,哪怕她的资历和贡献毫不逊色甚至更出色。薪酬是一件与**承认**有关的事。如果她得到了相同的薪酬,但却被告知,就因为她是个女的,所以永远得不到那个人人梦寐以求的职位,她还是会感到同样的愤愤不平。

现代政治经济学的奠基人亚当·斯密在《道德情操论》(*The Theory of Moral Sentiments*)一书中对经济利益与承认的关系理解得很充分。早在18世纪晚期的英国,斯密就注意到,穷人拥有基本必需品,不受严重物质匮乏之苦。他们追求财富,是出于另一种原因:

> 被人关注、得人关照、让人留意,获得同情、满意、认可,这些都可以说是财富衍生出的好处。吸引我们的是虚荣,不是舒适或愉悦。而虚荣总是以认为我们是关注和认可的对象为基础。
>
> 富人因财富而光荣,因为他感到,他的财富自然而然

第九章 看不见的人

地让世界关注他,他的生活境况轻易就能让他产生讨人喜欢的情绪,人们乐意和这样讨人喜欢的他一道……穷人则相反,他因贫穷而感到羞辱。他觉得,贫穷要么让人们看不见他,要么即便人们注意到他,也不会对他正在忍受的苦难和困境感到同情。[1]

富人"因富而荣"。想想全球亿万富翁那个阶层,问问那些人每天早上醒来想的是什么,答案不会是他们觉得缺某种必需品,这个月不挣上一个亿,这东西就到不了手。他们的房子、游艇、飞机多得数不胜数。他们想的是别的东西:成为弗朗西斯·培根(Francis Bacon)画作最大的收藏家,掌舵在"美洲杯"中夺冠那艘游艇,建立最大的慈善基金会,等等。他们追求的不是财富的某种绝对水平,而是较之于其他亿万富翁的相对地位。

类似说法也可以用在美国、德国、瑞典等富裕国家的贫困问题上。保守派不厌其烦地讲,即使是生活在贫困线以下的美国人,物质财富的水平也很可观,远胜撒哈拉以南非洲的贫困人口。他们有电视、汽车、Air Jordan 篮球鞋;他们受的苦不是营养不良,而是肥胖症,因为他们吃了太多垃圾食品。

美国当然也有物质匮乏,比如不能获得好的教育或医疗。但人们感受到的贫困痛苦更多的是尊严的丧失。如亚当·斯密所说,穷人的处境"让人们看不见他",以至于别人对他没有同情感。这正是拉尔夫·艾里森(Ralph Ellison)的经典小说《看不见的人》(Invisible Man)道出的真知灼见。这本小说讲的是一个从美国南部迁到哈莱姆(Harlem)的黑人。美国北方的种族主义真正让人感到屈辱的是，美国白人看不见非裔美国人的存在，黑人未必受了虐待，只是不被当成一样的人。想一想，你在给无家可归者钱的时候不与他／她进行目光接触：你是在满足求乞者的物质需求，但你不承认他与你有着相同的人性。

收入与尊严的关系也意味着，用普遍保障收入解决自动化造成的失业的方法买不来社会和平，也不会使人幸福。拥有工作带来的不仅是资源，还有社会其他成员的承认，承认你在做对社会有价值的事。不做事也拿钱的人没有自豪的底气。

经济学家罗伯特·弗兰克注意到了财富与地位的关系，他指出，地位之所以为人所欲，往往不是因为它的绝对价值，而是因为它的相对价值。他称之为"位置商品"：我要那辆特斯拉，不是因为我多在乎全球变暖，而是因为它时髦昂贵，而且我的邻居还在开宝马。人的幸福与相对地位的关系往往比与绝对地位的关系更强。弗兰克指出，调查显示，高收入人群反映出的幸福度也较高，大家可能认为这与绝对收入水平有关，但是**相对**地位较高的人也反映出差不多的幸福水平，无论他们的绝对收入水平如何：尼日利亚的高收入人群和德国的高收入人群一样幸福，尽管二者经济水平悬殊。人比人，不是满世界照着财富的绝对标准比，而是与他在社会上来往的本地人群相对地比。[2]

自然科学的大量证据表明，对地位的渴求——优越激情——植根于人的生物性。在一个群体内的等级系统中居于主导地位或者雄性领袖地位的灵长类动物，测出的神经递质血清素水平往往更高。人的血清素与幸福感、兴奋感有关，这就是为什么氟西汀、左洛复等选择性血清素再摄取抑制剂被广泛用于治疗抑郁和自卑。[3]

进一步的心理学事实表明，当代政治中某些事更关乎地位，而非资源。实验行为经济学有个明确的发现：人们对损失比对收益更敏感。就是说，他们会费更大的劲去避免损失一百美元，而不是额外获得一百美元。[4] 这可以解释塞缪尔·亨廷顿指出的一个历史现象：最有可能破坏政治稳定的团体，不是穷得绝望的人，而是觉得相对于其他群体正在丧失自身地位的中产阶级。亨廷顿援引托克维尔的观点，指出引发法国大革命的不是贫困农民，而是在大革命前十年间突然发现自己的经济和政治前程不比从前的新兴中产阶级。穷人往往在政治上缺乏组织，还要为日常生存操劳。相比之下，自视为中产阶级的人有更多时间从事政治活动，受过更好的教育，也更容易动员。更重要的是，他们认为自己的经济地位让他们理应受到尊重：他们努力做着对社会有益的工作，他们养儿育女，履行自己对社会的责任，比如纳税。他们知道自己不在经济金字塔的顶端，但他们因为自己不贫困、不靠政府养活而自豪。*中产阶级不觉得自己处在社会边缘，他们基本上都认为自己是民族身份的核心。

中产阶级地位的丧失可以解释当代政治最激烈的极化现象之一，这个现象出现在泰国。那是一个被"黄衫"和"红衫"

---

* 在美国，中产阶级（middle class）的定义颇为混乱，因为大多数美国人喜欢把自己归为中产阶级，即便他们有的是过得很好的精英，有的如果在欧洲可能会被归为工人阶级甚至穷人。政治相关度最高的群体应该是收入分布百分位排名在 60 位或 80 位的团体，他们最容易陷入停滞或滑入较低的阶层。——作者注

的严重极化撕裂的国家。前者是上层阶级，支持君主制和军队，后者支持他信·西那瓦（Thaksin Shinawatra）领导的泰爱泰党（Thai Rak Thai）。这场冲突在2010年曾导致曼谷大面积瘫痪，最后以黄衫军支持的军事政变告终。有观点认为，这是一场意识形态之争，起因是他信、英拉（Yinluck，2011年至2014年任泰国总理）兄妹面向泰国农村人口的再分配计划。也有观点认为这是一场关于腐败的斗争。费德里科·费拉拉（Federico Ferrara）认为，这起事件更适合被看成一场关于承认的斗争。传统的泰国社会等级森严，等级划分依据的是所谓的"泰国性"，即相对于曼谷精英的地理和语言距离。数十年的经济为他信培养了许多支持者，他们开始维护自己的外省身份，他们的做法激怒了曼谷的精英。政治上最活跃的泰国人往往是中产阶级，这也解释了为什么看似与经济相关的冲突结果变成了一场激情驱动的零和游戏。[5]

中产阶级地位面临的威胁还可以解释21世纪第二个十年里民粹式民族主义在世界多地的兴起。

在美国，工人阶级（此处指教育程度为高中或更低的人）最近这一代过得不好。这不仅体现在上一章提及的收入增长停滞、降低乃至失业中，也体现在社会的瓦解中。这要从20世纪70年代说起：二战后，非裔美国人北迁至芝加哥、纽约、底特律等城市，许多人在那里受雇于肉类加工、钢铁或汽车行业。当这些行业进入衰退时，男人因去工业化而失去工作，一系列社会病随之而来，包括犯罪率上升、可卡因泛滥，还有家庭生活恶化，导致贫困代代相传。[6]

第九章 看不见的人

过去十年间,这种社会恶化蔓延至白人工人阶级,两位分居政治光谱两端的社会科学家查尔斯·默里(Charles Murray)和罗伯特·帕特南(Robert Putnam)分别记录了这种现象。[7] 在乡村和工薪阶层社群里,阿片类药物泛滥,2016年药物滥用导致六万多人死亡,高于每年交通事故的致死人数。白人男性预期寿命因此下降,这对一个发达国家来说是很不寻常的事。[8] 单亲家庭子女数量显著增加,白人工薪阶层的单亲家庭子女占比现在是35.6%。[9]

不过,或许把特朗普送进白宫(以及把英国送出欧盟)的新民族主义的重要推动力之一是原来看不见的现在被看见了。有关保守选民的两项研究(凯瑟琳·克拉默在威斯康星州的研究和阿莉·霍克希尔德[Arlie Hochschild]在路易斯安那州的研究)都指向类似的怨恨心理。威斯康星州的大批乡村选民都支持共和党州长斯科特·沃克(Scott Walker),他们解释说,首府麦迪逊(Madison)和本州以外的大城市精英根本不理解他们,也不关心他们的问题。克拉默采访的一个人说,华盛顿特区"自成一国……他们根本不知道这个国家其他地方变成了什么样子——他们就知道盯着自己的肚脐眼儿"。[10] 同样,路易斯安那州乡村地区一名茶党支持者评论道:"很多自由派评论员瞧不上我这样的人。我们不能说那个'黑'*打头的词。我们也不想说那个词,那样说话跌份儿。可是,自由派的评论员

---

* 指"黑鬼"(Negro),是一种对非裔美国人含有强烈歧视意味的用语。后文"红"打头的词指"红脖"(Red Neck),也是具歧视色彩的词语,指美国南方乡村地区的白人,暗含这些人思想落后、见识短浅的蔑视意味。——译注

为什么觉得他们就可以随便说那个'红'打头的词？"[11]

心怀怨气、担心失去中产阶级地位的公民对上指责精英，因为精英看不见他们的存在，对下指责穷人，因为他们认为穷人不配，却受到优待。克拉默说："对同胞的怨恨最为重要。人们把自己的处境归咎于有罪且不配的人，而不是广泛的社会、经济、政治力量的结果。"[12] 霍克希尔德打了个比方：普通人耐心排长队，等着走进写有**美国梦**字样的大门，看到别人——非裔美国人、女人、移民——突然插队，站到他们前头，而精英在帮那些人，却对他们视而不见。"你成了自己土地上的陌生人。别人看到的你，和你眼中的自己并不相同。这是为被看到、被尊重而战。要觉得自己被尊重，你必须感到自己是在前进，感到别人认为你在前进。但你明明没有犯错，却在以你察觉不到的方式倒退。"[13]

经济困境常常不被个体视作资源的匮乏，而是身份的丧失。努力工作本应赋予一个个体以尊严，但那份尊严却未被承认——非但不被承认，还受到谴责，而其他不愿意遵守规则的人被给予了不应得的好处。收入与地位之间的这种联系有助于解释为什么民族主义或宗教保守团体比基于经济阶层的传统左翼团体更有吸引力。民族主义者能把相对经济地位的丧失说成是身份和地位的丧失：你一直是我们这个伟大国家的核心成员，可是，外国人、移民和你们自己的精英同胞一直在阴谋压迫你；你的国家不再属于你自己，你在自己的土地上不受尊重。同样地，宗教党派可以讲几乎相同的话：你属于一个伟大的信仰者社群，但这些信仰者却一直被不信仰的人诋毁；这样的背叛不

第九章 看不见的人

仅是导致你贫困的原因，而且是针对上帝的罪行。你的同胞可能看不见你，但上帝不会。

这就是为什么移民在许多国家成为令人如此头疼的议题。移民对国民经济可能有帮助，也可能没有：它像贸易一样，往往是总体算下来是有益的，但不是所有社会团体都受益。但是，移民几乎总是被视作对文化身份的威胁，特别是当跨境流动人群的规模达到近几十年来的水平时。当经济上的衰退被视为社会地位的丧失时，就很容易明白为什么移民问题成了经济变化的替罪羊。

不过，这个回答并不能让人完全满意：为什么无论是在美国还是在欧洲，近年来奉行民族主义的右翼都成功吸引了那些原来把票投给左翼政党的选民？毕竟，左翼在传统上主张更广泛的社会保障网，对技术变革和全球化造成的经济混乱有更好的实际解答。而且，过去进步主义人士也能诉诸社群身份的手段，能用受剥削的共同经历和对富有资本家的怨恨构建团体身份："世界工人大团结！""打倒专制政府！"在美国，从1930年新政开始，直到里根时代，绝大多数的工人阶级选民都支持民主党；欧洲社会民主也建立在工会主义和工人阶级大团结的基础之上。

当今左派的问题在于，它越来越选择支持某些特定身份。它不再团结工人阶级、经济上的被剥削者等广大团体，而是团结那些以特定方式被边缘化的更小的群体。这个问题属于一个更大的故事，一个有关现代自由主义命运的故事。在这个故事里，基于普遍与平等原则的承认变异成了对特定群体的特别承认。

第十章
尊严的民主化

如前文所述，对尊严的理解在19世纪分作两路，一路走向自由主义的个人主义，这种理解深埋在现代自由民主国家的政治权利中，另一路走向或由宗教或由民族定义的集体身份。前文已经初步介绍了集体主义的身份理解，现在我们回头来看看个人主义的身份理解，也就是出现在北美和欧洲现代民主国家的那种身份。

在欧美国家中，尊严已经得到了民主化，因为政治制度已将权利逐步授予越来越多的个体。1788年美国宪法通过时，只有拥有财产的白人男性才能拥有完整的政治权利；此后，权利拥有者的范围逐步扩大，陆续纳入没有财产的白人男性、非裔美洲人、土著、女性。就此而言，自由主义的个人主义逐步兑现了越来越民主的承诺。但是，它也同时在向集体主义的方向演变，两条路最终以惊人的方式汇合一处。

我们一开始提到的柏拉图《理想国》里的激情和尊严被承

认的渴望并不是所有人都有的东西。它是护卫者或战士阶层的专属，那些个体应该得到承认，因为他们愿意冒着生命危险浴血奋战，捍卫城邦这个更大的社群。我们看到，在基督教传统中，尊严变成了普遍之物，因为所有人都被认为有能力做出道德选择，新教思想还认为这种能力深居于每个人的内心。接下来，普遍尊严的概念被世俗化，表现为康德的理性道德法则。卢梭又加以补充，他指出内在的道德自我不仅能做出二元的道德抉择，还充满被周遭社会压抑的丰富感情和个人体验；表达这些情感而不是压抑它们成了道德律令。于是，尊严的关键变成了恢复真实的内在自我，让社会承认每个成员内在的潜力。人们日益认为，自由社会不仅要保障最起码的个体权利，而且要主动鼓励内在自我的完整实现。

在基督教传统中，内在自我是原罪的源头，但同时也是赖以克服原罪的道德选择之所在。尊严在于个体信仰者有能力以克服内在的有罪欲望为代价，遵从一整套道德规则（关于性、家庭、与邻里和统治者的关系）。随着西方国家的共同宗教确立的共同道德边界逐渐销蚀，再将尊严仅赋予奉行基督教道德法则的个体，就不那么可行了。宗教反被视作一种偶像崇拜或虚假意识的形式；承认转而被归于表达型的内在自我，这个自我有时甚至可能想违背宗教法则。

20世纪，上述观念在美国文化中的呈现方式可以通过"加利福尼亚州促进自尊和个人社会责任任务力量"（California Task Force to Promote Self-Esteem and Personal Social Responsibility）得到体现。这个组织曾于1990年发布了一份题为《走向自尊之国》(Toward a State of Self-Esteem)的报告。该组织源自州议员约翰·巴斯孔塞洛斯（John Vasconcellos）的创意，巴斯孔塞洛斯受到了20世纪60年代加州湾区如火如荼的人类潜能运动的影响。[1] 人类潜能运动基于因"需求层次"理论而闻名的心理学家亚伯拉罕·马斯洛（Abraham Maslow）的思想。需求层次的最底部是基本生理需求，比如食物、水；中部是社会需求，比如安全、保障；而位于顶部的，马斯洛称之为"自我实现"。他认为，多数人都没能实现他们的大部分潜力；自尊对自我实现至关重要，因为低估自身能力会让人裹足不前。他的理论与现代身份概念一致的地方在于，个体自我实现的需求高于广大社会的要求。[2]

任务力量组织将自尊定义如下：

> 生而为人，就有与生俱来的重要性，《独立宣言》的撰写者宣布人人"皆被造物主赋予某些不可剥夺的权利……"，指的就是这种重要性。每个人都有尊严，这个信念一直是我们国家的道德和宗教遗产。每个人都有独特的意义，只因他作为一个人类被赋予了生命这一宝贵且神秘的礼物。这是一份内在价值，无论是敌人还是逆境，都无法夺走。[3]

报告写道："欣赏我自己的价值和重要性，无须比照他人来衡量我的能力的数量和质量。每个人的能力都有价值，都被需要。我们每个人都可以对社会做贡献。"报告进而写道："关键不是要变得可接受、有所值,而是要承认已然存在的价值。我们的情感就是这个价值的一部分,接受它们,就是树立我们的自尊……我们人人都可以赞美我们的独特种族、民族和文化。我们可以欣赏我们的身体、性别和性。我们可以接受我们的想法、感受和创造力。"[4]

从报告这几页中可以看出一条长长的思想脉络,这条脉络最终可以追溯到卢梭那里:我们每个人都有一个内在自我深埋在内部;它独一无二,是创造力之源;每个个体的内在自我都有与他人相等的价值;自我表达不是通过理性,而是通过感情;最后,这个内在自我是人之尊严的基础,得到了《独立宣言》等政治文件的承认。简言之,这是一份后卢梭时代的身份概念的明确声明。

但是,加州这个任务力量组织的报告体现出一个巨大的内在矛盾,这个矛盾反映了平等激情和优越激情根本上的紧张关系。报告断言,每个个体都有一个会创造、有能力的内在自我。报告力求做到不品头论足,提醒我们不要拿自己跟他人做比较,不要让自己被他人的标准评价。但是,报告的作者很快遇到一个问题:我们赞美的那个内在自我可能是残酷、暴力、自恋、不诚实的。也可能我们就是懒惰浅薄。刚刚认定普遍自尊的需要,这份报告马上又声明,自尊必须同时包含"社会责任"和"尊重他人",报告指出,犯罪就是缺乏这种尊重的直接结果。报告赞美"正直的人格",说它是自尊的组成部分,它包含诸多美德,诸如"诚实、爱心、纪律、勤奋、恭敬、执着、奉献、宽容、善良、勇敢、感恩、优雅"。但是并非人人皆有这般美德,

第十章　尊严的民主化

这就意味着，有些人比其他人更值得尊重。我们绝不会像尊敬一个正直公民那样尊敬强奸犯、杀人犯。

自尊基于个体能够遵从某些重大社会规则，基于个体能拥有**美德**，这种观点是对人之尊严更传统的理解。但是既然并非每个人皆有德行，对自尊的这种理解跟报告对每个人的固有价值的肯定就自相矛盾了。这就道出了平等激情与优越激情之间的固有张力。优越激情不仅反映有志者的虚荣，它也是有德之人的应得之物。有些人就该在价值上被评价为比别人更低级的人。事实上，如果人在对别人做坏事的时候感觉不到羞耻——也就是低自尊——那就很难理解，人怎么可能接受对他人的责任。不过，该组织的报告随后连续提出两项要点，建议国家教育制度"应该致力于解放而不是驯化"，同时"促进发展负责任的人格和价值"。从报告的字里行间，几乎可以看到该组织里的自由主义成员越是在主张更大的包容性，保守主义成员就越是担心社会秩序因此受到影响，而自由主义成员则回应说："如果我们要促进自尊，我们就不能对别人指指点点。"

加州的这个组织当年曾被很多人嘲笑，连续好几个月都是《杜恩斯伯里》（*Doonesbury*）连载漫画的抨击对象。努力提升每个人的自尊，却不能定义什么值得尊重，也不能分辨行为的好和差，在很多人看来，是一个不可能的——更确切地说是一个荒谬的任务。但是，此后数年，这个议程还是活了下来，成为一大堆社会机构的目标，包括非营利组织、学校、大学、以及国家本身。身份政治在美国等自由民主国家如此根深蒂固，原因之一就是对自尊的日益关切，以及所谓的"治疗的胜利"。

"治疗的胜利"说的是社会学家菲利普·里夫（Philip Rieff）于1966年写的一本书。里夫认为，宗教定义的共同道德边界瓦解后留下了巨大的空白，填补这块空白的是心理学家鼓吹的一种新式宗教：心理治疗。按照里夫的说法，传统文化"就是一种动机设计，这种动机设计将自我向外引导，面向社群的目标，自我仅仅在社群目标中就可以得到实现和满足"。就这样，传统文化发挥着治疗的作用，为个体提供目标，将他们与别人联系起来，让他们知道自己在宇宙中的位置。但在过去，那种外部的文化一度被斥为囚禁内在自我的铁笼。人们被告知要释放他们的内在自我，要"真实"和"坚定"，却未被告知他们应该对什么东西坚定。神父和牧师留下的空白被心理分析师用治疗技术加以填补，这种治疗技术"无非是一种可操控的幸福感"。[5] 里夫对心理治疗的批判在下一代催生出一整类社会评论，批评的对象就是身份的现代模式。[6]

最初的治疗模式是围绕发掘隐藏身份建立起来的。弗洛伊德在治疗维也纳女患者的过程中从心理学的角度认为，女患者得了他所说的歇斯底里症，这种病症会激烈地、无意识地压抑自然的性欲，照弗洛伊德的说法，这种行为是受到超我的驱使。弗洛伊德有关自我的说法因时而变，起先说是童年受虐记忆，后来又说是性幻想投射；不论哪种说法，治疗都在于恢复对病状成因的认知。弗洛伊德在相互对立的内在自我与社会要求间保持道德中立，承认二者都是强有力的诉求；如果一定要选，他会选社会这一边。借用莱昂内尔·特里林的话说，弗洛伊德属于一种"揭面具的潮流"，这种潮流相信"所有人类现象的表象之下都藏匿着别样的现实,强行揭示它们,便可获得智识、实践以及最重要的道德方面的益处"。[7]赫伯特·马尔库塞(Herbert Marcuse)以及后来的精神分析学派等弗洛伊德的许多追随者不似弗洛伊德那么中立,他们认自己为解放者,帮助个体对抗普遍压抑的社会。

归根结底,对内在身份的肯定还要看卢梭的主张是真是伪。卢梭认为,人本质上是善的——他们的内在自我是无限潜能之源(卢梭称之为"可完善性"),人的幸福取决于从人为的社会束缚中解放自我。这就是人类潜能运动和加州任务力量组织的起始假设。

但是,如果卢梭错了呢?如果,像传统道德主义者相信的那样,内在自我是反社会或有害冲动的居所,甚至是恶之所在呢?人类潜能运动中的有些人奉尼采为先驱。但尼采以近乎残酷的坦率预见到了个性解放的后果:个性解放很容易给后基督教道德铺下一条强者统治弱者的路,而不是人人平等的好结局。希特勒将听从内心的指引,就像无数大学毕业生一直被嘱咐的那样。

这正是克里斯托弗·拉希(Christopher Lasch)在20世纪70年代晚期所做的批评。拉希认为,提升自尊促进的不是人类潜能,而是让人失能的自恋;他觉得,这种自恋已经成为美国社会整体的特征。人民没被解放出来去实现潜能,而是陷入了情感依赖:"尽管偶尔幻想自己无所不能,自恋者还是要靠他人来认可他的自尊。没有欣赏他的观众,他就活不下去。"这对社会有巨大的负面影响:

甚至当治疗师谈及对"意义"和"爱"的需要时，他们也只是把意义和爱定义为满足患者的情感需求。他们几乎没想过——当然，鉴于治疗这种事的性质，也没什么理由要求他们想——鼓励当事者使他的需要和利益从属于他人的需要和利益，从属于外在于他自身的事业或传统。

拉希认为，在美国的环境中，自恋这种社会现象不会导致法西斯主义，但是会导致社会普遍地去政治化，去政治化使得为争取社会正义而进行的斗争沦为个人心理问题。[8] 拉希写下这些观点的时候，离特朗普的崛起还有几十年的时间，而特朗普这个政治人物完美呈现了他笔下的自恋。自恋把特朗普引向政治事业，但他的政治事业不是受公共目标驱动，而是出于他自己对公众肯定的内在需要。

关于一个信奉治疗的社会会带来怎样的社会后果，里夫、拉希这样的道德主义者说的或许是对的。但是，他们写下这些观点的时候，一整个精神分析师行业已经兴起，从业者认为自己不单是观察自然现象的科学家，他们也是医生，有治好病人、让他们发挥更大作用的使命感。想改善自身观感的普通人创造出对精神分析服务的巨大需求。20 世纪最后十年，弗洛伊德式的精神分析在美国日渐式微，但根本的治疗模式还在继续扩大影响，心理学语言渗入发达社会的大众文化。例如，**自尊**一词在 20 世纪 80 年代几乎没上过英国报纸，但是低自尊这个说法越来越频繁地见诸报端，截至 2000 年已被提到三千次以上。心理咨询业务也在壮大，1970—1995 年间，心理健康行业的

第十章 尊严的民主化

从业者人数增加了四倍。[9]

治疗成为宗教的替代物，宗教本身也愈发转向治疗化。美国的自由派教会和福音派教会都发生了这种转向：教会领袖发现，如果提供基于自尊的、相当于心理咨询的服务，就能扭转教会活动出席率下滑的势头。著名的电视福音布道者罗伯特·舒勒（Robert Schuller）的《力量时刻》（Hour of Power）每周一期，连播几十年，有数百万观众。他在加州加登格罗夫（Garden Grove）的水晶大教堂是美国最大的教堂之一。他写过一本书，书名就是《自尊：新宗教改革》（Self-Esteem: The New Reformation）。[10] 里克·沃伦（Rick Warren）的教会发展运动在近几十年间改造了数千家福音派教会，他也提供类似的治疗信息。他的标志性口号是"目标驱动人生"，强调牧师关照非信仰者"感觉到的需求"的重要性，不强调传统的基督教教义，提倡公开使用心理学的语言。他像舒勒和加州的任务力量组织一样，淡化传统宗教里的原罪和所有关乎价值判断的方面；福音更像是"一部所有者的手册"，教人如何在此生之内而不是彼岸实现幸福。[11] 路德的基督教式尊严是难以实现的，相比之下，目标驱动的人生是每个人都可以拥有的。

美国等所谓自由民主国家大众文化的治疗化转向难免在政治生活中、在对国家角色的理解的转变中得到反映。19世纪的古典自由主义认为，国家有责任保护言论和结社自由等基本权利，维护法治，提供警察、道路、教育等必要的公共服务。国家通过赋予公民以个体权利来"承认"它的公民，但国家并不被认为有责任改善个体的自我观感。

但在这种治疗模式下,个体幸福取决于他／她的自尊,而自尊是公共承认的副产品。政府谈论和对待公民的方式会同时暴露它们对公民的公共承认,所以现代自由国家自然(或许也是不可避免地)就担负起责任,提升全体公民中每一个人的自尊感。我们已经提过最高法院大法官肯尼迪的观点,他认为自由不只是免于政府行动,也是"有权定义自己关于存在、意义、宇宙和人类生命奥秘的看法",这种观点可能直接出自伊莎兰学院。

治疗服务也开始深深嵌入社会政策中,不仅加州如此,全美国和其他自由民主国家亦然。美国各州开始提供心理咨询和其他心理健康服务,学校开始将心理治疗的见解纳入儿童教育方法。这个发展过程是一步步进行的,与新政以来美国的福利国家发展同步。20世纪初,青少年犯罪、未成年女性怀孕等社会功能失衡被视作不正常行为,要施以惩罚,通常是通过刑事司法系统。但是到了该世纪中叶,随着治疗手段的兴起,这些行为渐渐被视为社会疾病,要加以咨询和心理干预。1956年的《社会保障法案》(Social Security Art)修正案允许联邦政府负担一系列治疗服务的费用,以便巩固家庭生活、加强自我支持。这类补贴经1962年的新修正案进一步增加,导致此后的十年间帮扶社区困难人员的社会工作者和工作量激增。1974年的第二十修正案又将法律的覆盖范围从穷人扩大到中产阶级。[12]

治疗式社会服务的迅速发展在尼克松政府和里根政府时期引起了保守派反弹,努力遏制它的增长。但是那个时候治疗式

第十章 尊严的民主化

的社会服务对生活问题的回应已经为数百万普通人所需要，他们不再愿意寻求牧师、父母、公司等传统权威的帮助了。治疗式的服务从国家扩散到了许多机构，包括规模庞大的非营利机构，20世纪90年代，国家资助的社会服务就是经过这个行业提供的。[13]

大学发现自己处在治疗式革命的前沿。1987年斯坦福大学西方文化的核心课程引发了一场争议。那一年，民权运动领袖杰西·杰克逊牧师（Reverend Jesse Jackson）领着一群斯坦福大学生高唱"嘿，嘿，嗬，嗬，西方文化靠边走"（Hey, hey, ho, ho, Western Culture's got to go），立刻使斯坦福成为全国关注的焦点。当时的核心课程是围绕大约十五份文本构建的，从希伯来圣经、荷马、奥古斯丁开始，接着是马基雅弗利、伽利略，再到马克思、达尔文、弗洛伊德。反对者想扩展核心课程，纳入非白人和女性作者，不是因为他们写了什么重要或隽永的著作，而是因为被纳入课程这件事本身就能彰显他们的文化本源的尊严，因此也就提升了来自相同文化的学生的自尊。

关于修改课程的要求背后的治疗动机，斯坦福的黑人学生会主席比尔·金（Bill King）在最开始关于西方文化课程的争论中说得很清楚：

> 我知道教授们……只是在维护他们认为正确的传统……但他们把这些观念集中灌输给我们所有人，就是从心理上压迫那些洛克、休谟、柏拉图没与之说过话的人，就是不给新生拓宽视野的机会，同时接受休谟和伊姆霍特普

(Imhotep)、马基雅维利和阿尔—马基利（Al Malgili）、卢梭和玛丽·沃斯通克拉夫特（Mary Wollstonecraft）……*西方文化课照现在这样构建是错的，它围绕的是一份核心阅读书目和过时的西方哲学，这个西方就是希腊、欧洲和欧洲式的美国；更糟糕的是，它以一种从未被认识到的方式在心理上和情感上对人造成了伤害。[14]

从金的声明可以看出，他为修改课程提供的理由完全是心理方面的：现在的经典读物在"从心理上压迫"少数族裔和女性学生，"以一种从未被认识到的方式在心理上和情感上"对人造成了伤害。扩展的书目不一定会传播有重要教育意义的宝贵或永恒的知识，但会提高被边缘化的学生的自尊，改善他们的自我感觉。[15]

这种治疗模式直接源于对身份的现代理解。它认为，我们有深邃的内在空间，蕴含其间的潜能尚未实现，而外部社会假借其规则、角色和期待，害得我们裹足不前。这就既要求个体探索自己的内部空间，也要求一个具备潜在革命性的议程将我们从限制性的规则中解放出来。治疗师既无意了解我们的内在有什么实质内容，也无意探究周围社会是否公正这种抽象问题，他们感兴趣的只有改善病人的自我感觉，而这就要求提升病人

---

* 伊姆霍特普，又译为印和阗，公元前27世纪的古埃及第三王朝法老，精通医术、建筑、占星，后被埃及和希腊奉为医术之神；阿尔—马基利，15世纪末至16世纪初的伊斯兰学者，主张对未能充分践行伊斯兰信仰的穆斯林发动"圣战"；玛丽·沃斯通克拉夫特，18世纪英国作家，女权主义先驱，著有《女权辩护》（*A Vindication of the Rights of Woman*）。——译注

第十章 尊严的民主化

的自我价值感。

治疗模式的兴起催生了先进自由民主国家的现代身份政治。身份政治在任何地方都是一场为尊严得到承认而进行的斗争。自由民主的前提是公民作为**个体**的尊严得到平等承认。随着时间的推移，平等承认的范围在数量上和性质上都得到了扩展：在数量上，被接受拥有权利的公民人数增加了；在性质上，对承认的理解不再只是形式上的权利，而是实质上的自尊。

尊严正在走向民主化。但是，自由民主国家的身份政治开始与民族、宗教等身份的集体和非自由形式汇合，因为个体频繁要求的不是承认他们的个体性，而是承认他们与其他人的同一性。

第十一章
从身份到种种身份

20世纪60年代,世界目睹了发达自由民主国家一系列强劲的新社会运动。在美国,民权运动要求国家完整兑现《独立宣言》承诺的、内战后写入宪法的种族平等。女性大量涌入劳动力市场,激发和塑造了随着民权运动接踵而至的女权运动,以类似的方式要求给予女性平等待遇。同时,性革命动摇了性与家庭的传统规范,环保运动则改变了对人与自然的关系的态度。此后还有其他相继发生的运动,为推动残障人士、美洲原住民、移民、男女同性群体和变性群体的权利摇旗呐喊。

1968年法国的五月风暴之后,欧洲人目睹了一场相似的大爆发。法国的老左翼势力以一群核心的共产主义者为中坚力量,赢得了包括让—保罗·萨特(Jean-Paul Sartre)等著名知识分子的同情。他们仍在关注工人阶级和马克思主义革命。在1968年的骚乱中,这些关切被搅动着美国的诸多社会议题所取代:少数族裔和移民权利、女性地位、环保主义等等。无产阶级革命似乎不再与当代欧洲面临的议题相关。法国各地爆发的学生抗议和大范围罢工与德国、荷兰、斯堪的纳维亚等地的类似事态遥相呼应。左翼的"1968一代"不再一门心思关注阶级斗争，转而支持各类边缘群体的权利。

这些社会运动的发生源自自由民主国家平等承认全体公民尊严的抱负。但民主国家从未达到这一权利要求：无论法律如何规定，人往往不是依据他们个体的人格和能力，而是依据有关他们所属群体的假定看法来评价的。

可耻的是，在美国，这些偏见在正式法律中存在了许多年：法律不允许黑人小孩和白人小孩一起受教育，以女性不够理性为由禁止她们投票。但即便法律被修改了，学校不再隔离黑人和白人，女性也拥有了投票权，社会也并未突然就停止用群体模式思考自身。歧视、偏见、不敬，或者干脆视而不见，这些心理压力在社会意识里依旧根深蒂固。它们之所以仍然存在，也是因为群体在行为、表现、财富、传统与风俗上还是各有各的不同。

在20世纪60年代新社会运动兴起的社会中，用身份思考问题的条件已经成熟，各种机构已经担当起帮助人们提升自尊的治疗使命。20世纪60年代以前，对身份的关注基本专属于那些希望实现个体潜能的人。随着上述社会运动的兴起，许多人自然而然地开始从自身所属群体的尊严的角度来思考自己的方向和目标。对世界各地民族运动的研究显示，个体自尊与和他相关的大群体受到的尊重有关，因此政治会影响个人。[1] 每场运动都代表此前不被看见、遭到压迫的人，每个人都对别人

第十一章 从身份到种种身份

的视而不见心怀怨恨，都希望内在价值得到公众承认。由此诞生了我们今天所说的现代身份政治。关于它，只有名字是新的，斗争和视角都和以前民族主义和宗教的身份运动一样。

每个被边缘化的群体都可以选择以更宽广还是更狭隘的身份看待自身。它可以要求社会像对待主流群体成员那样对待本群体成员，也可为自己的成员主张一个独立的身份，要求社会把他们当作与主流社会**不同**的群体来尊重。随着时间的推移，后一种选择胜出了。马丁·路德·金博士领导的早期民权运动只要求美国社会对黑人白人一视同仁。它不抨击决定白人如何彼此相待的规范和价值观，不要求改变国家根本的民主制度。但是，到20世纪60年代末，黑豹党（Black Panthers）、伊斯兰民族（Nation of Islam）等群体出现，它们认为黑人有自己的传统和意识，应以自己之所是为荣，而不是以社会望其所是为荣。用杰西·杰克逊牧师引用大威廉·霍姆斯·伯德斯(William Holmes Borders, Sr.) 的诗来说就是："我也许穷，但我是个人物！"美国黑人真实的内在自我不是白人的内在自我，而是由在一个对黑人不友好的白人社会里作为黑人成长起来的独特体验塑造的。这些体验意味着暴力、种族主义和诋毁，成长经历不同的人是无法理解的。

这些主题如今又被"黑人的命也是命"运动拾起。这场运动因弗格森、密苏里、巴尔的摩、纽约等美国城市的警察暴力事件而起，起初是为迈克尔·布朗（Michael Brown）、埃里克·加纳（Eric Garner）等个体受害者伸张正义，后来随着时间发展扩大到致力于让人了解美国黑人日常生活的真实面目。塔那西斯·科茨（Ta-Nehisi Coates）等作家将当代警察针对非裔美国人的暴力和奴隶制与私刑的久远历史记忆联系了起来。这个记忆部分构成了阻碍黑人与白人相互理解的鸿沟，因为他们有着不同的生活体验。[2]

女权主义运动内部也出现了相同的变化，且更快更有力。这场运动的主流像早期民权运动一样，主要要求在就业、教育、司法等方面平等对待女性。但是，从一开始就有一派重要的女权主义思想主张，女性的意识和生活体验与男性的有着根本的不同，女权运动的目标不应只是帮助女性像男性一样行为和思考。1949年，波伏娃出版了一本影响深远的著作:《第二性》(The Second Sex)。她在书中断言，女性的生活体验和她们的身体在很大程度上是周围社会的男权本质塑造出来的，而且这种经验几乎不可能为男性注意到。[3] 女权主义法学家凯瑟琳·麦金农（Catharine Mackinnon）用更为极端的形式表达了这一观点。她认为强奸和性交"难以区分"，有关强奸的既有法律反映的是强奸犯的观点。她说，虽然起草这些法律的人并不都是强奸犯，但"他们属于那个［强奸犯］群体，强奸犯强奸女性的根源在不是强奸犯的男性身上也存在，这个根源就是男性特质和对男性标准的认同"。[4]

每个群体都有它自己的、外人无法进入的身份，这个观点体现在**生活体验**这一表述的使用中。自20世纪70年代以来，这一表述在大众文化中呈爆炸式增长。[5] **经验**（experience）和**生活体验**（lived experience）的区分源自德语Erfahrung和Erlebnis，19世纪的一些思想家对此曾有深究。Erfahrung指的是可分享的经验，比如人们在不同的实验室看化学实验。Erlebnis则相反，它含有Leben一词，即生活、生命之义，说的是对体验的主观感受，不一定能分享。1939年，作家瓦尔特·本雅明（Walter Benjamin）曾撰文指出，现代生活由一系列"震撼体验"组成，妨碍个体把生活看作一个整体，导致Erlebnis难以转化成Erfahrung。他否定地称之为"一种新式野蛮主义"，共同记忆因之破碎，沦为一系列个体体验。[6]这条思路最终可溯至卢梭，我们应该还记得，卢梭注重"存在的感受"，认为主观内在感受高于周围社会共有的规范和理解。

Erfahrung和Erlebnis的区别就是**经验**和**生活体验**的区别。生活体验这个词经由波伏娃进入英语：《第二性》第二卷的副书名为L'expérience vécue，意思就是"生活体验"。波伏娃认为，女性的生活体验不是男性的生活体验。于是，女性的主观体验提升了人们对主观性的关注度，主观性进而被用于种族、民族、性别取向、残疾等为基础的其他群体和类别。在每一个类别内部，生活体验也是不同的，男女同性恋的生活体验与变性人的生活体验不同，巴尔的摩的黑人男性与亚拉巴马州伯明翰（Birmingham）的黑人女性生活体验也不同。

生活体验受到的重视反映出长期现代化更为普遍的性质，前文曾提到，正是这一性质导致身份问题的发生。现代化包括劳动分工精细的复杂社会、现代市场经济依赖的人员流动，以及造成个体间邻里关系多元化的城乡流动。在当代社会，现代通信技术、社交媒体让想法相同但地理位置不同的人能够彼此沟通，上述社会变化因而得到进一步深化。在这样一个世界里，不同的生活体验和身份像互联网上的油管明星和脸书圈子一样呈现指数级增长。而旧式"经验"的可能性，也就是可以跨越群体边界得到分享的视角和感受，正在被以相同的速度摧毁。

学校、大学、医疗中心等社会服务机构的治疗转向意味着它们既愿意看护人的心理（推动所有社会运动的平等激情），也愿意关照人的物质条件。少数族裔和女性不断发展的意识在七八十年代更为强大了，他们有了现成的词汇和框架可用以理解他们的边缘化体验。身份以前是个体的事情，现在成了群体的所有物，这些群体被认为拥有他们自己的生活体验塑造出的、属于他们自己的文化。

多元文化主义本来是对事实上确实多样的社会的一种描述。但它也成了政治计划的标签，这种政治计划想平等地评价所有文化和生活体验，尤其是曾经看不见、被低估的那些。古典自由主义想的是保护平等个体的自主性，多元文化主义这种新意识形态则主张平等尊重所有的文化，哪怕那些文化略去了其中个体的自主性。

多元文化主义最初是用来指一些大的文化群体，例如加拿大说法语的人、穆斯林移民、非裔美国人。但这些群体进一步碎片化，成为更小、更具体、拥有独特体验的群体，以及不同形式的歧视交叉形成的群体，比如有色女性——理解她们的生活，不能只看种族，也不能只看性别。[7]

推动焦点转向身份的另一个因素，是可能带来社会经济大变革的政策越来越难出台。到 20 世纪七八十年代，整个发达世界的进步团体都面临着生存危机。该世纪上半叶，激进左翼

第十一章　从身份到种种身份

的主要思潮是马克思主义和马克思主义对工人阶级与无产阶级革命的强调。社会民主左翼不同于马克思主义者，他们接受自由民主的框架，但有着不同的关注重点：扩大福利国家，让更多的社会保障覆盖更广的人群。但无论是马克思主义者还是社会民主主义者，这些左翼势力都希望通过运用国家权力促进社会经济平等，既要社会服务对所有公民开放，也要对财富和收入进行再分配。

随着世纪之交临近，这种策略的局限凸显了出来。马克思主义者不得不面对一个事实：现实中的共产主义社会在苏联已经发生变化，遭到赫鲁晓夫、戈尔巴乔夫等领导人的谴责。与此同时，大多数工业化民主国家的工人阶级变得更为富有，开始愉快地融入中产阶级。共产主义革命和废除私有财产不再受人关注。

社会民主主义也走进了相似的死胡同：20世纪70年代，福利国家无限扩大的目标遭遇财政紧缩的现实。政府以印钞票的方式应对困境，导致通货膨胀、金融危机；再分配计划推出不合理的刺激政策，挫伤了人们从事劳动、储蓄、创业的积极性，这些刺激政策反过来限制了再分配的蛋糕的大小。不平等依旧根深蒂固，尽管林登·约翰逊（Lyndon Johnson）等人通过"伟大社会"等政策做出了雄心勃勃的尝试，试图消除不平等。1991年，苏联解体。1978年之后，中国开始转向市场经济。社会民主主义阵营也与资本主义讲和。越南战争、水门事件的失败之后，左翼开始和右翼一样对政府本身产生越来越大的失望。

大范围社会经济改革的壮志未酬与20世纪最后十年左翼拥抱身份政治和多元文化主义是同时发生的。左翼依旧志在平等，但关注点从原先的重视工人阶级状况转向日益扩大的边缘化群体的需求，他们的需求往往是心理方面的。许多活动者开始把旧工人阶级及其工会看作特权阶层，觉得他们对移民和少数族裔等活得没他们好的群体的困境麻木不仁。承认的斗争瞄准了新的群体和这些群体的权利。在此过程中，旧工人阶级被冷落一旁。

类似情况在欧洲国家也有发生。比如法国，那里的激进左翼一直比美国突出。1968年五月风暴之后，以前的马克思主义者的革命目标和今天正在兴起的新欧洲似乎不再有什么关系了。左翼的关注点转向文化层面：要摧毁的不是当前剥削工人阶级的政治秩序，而是西方文化和价值观的霸权——它在压制本国和国外发展中国家里的少数群体。[8]古典马克思主义接受了西方启蒙运动的许多基本理念：相信科学和理性、相信历史进步、相信现代社会优于传统社会。相比之下，新的文化左翼是尼采式的、相对主义的，它攻击西方启蒙运动赖以为基础的基督教和民主价值观，认为西方文化催生了殖民主义、父权制和环境污染。这一批评随后渗入了美国社会，在美国大学发展成后现代主义和解构主义。

在现实中和原则上，欧洲人在文化方面变得更加多元了。因为战后初期欧洲劳动力短缺，移民社群——通常以穆斯林为主——在多个欧洲国家发展壮大。最开始，这些社群的活动家为移民及其子女争取平权，但是却受阻于向上流动、融入社会

第十一章　从身份到种种身份

的障碍。受1979年伊朗革命和沙特支持的萨拉菲派清真寺和宗教学校的启发，伊斯兰主义组织开始在欧洲出现，主张穆斯林不应寻求融入，而应保持独立的文化体制。欧洲左翼不少人欣然接受了这个势头，他们认为，比起选择融入欧洲社会制度的西化穆斯林，伊斯兰主义者才是边缘化群体真正的代言人。[9]在法国，穆斯林成了新无产阶级，部分左翼以文化多元主义之名抛弃了传统的世俗主义。在反种族主义、反恐穆的旗号下，关于伊斯兰主义者不宽容、不自由的批评之声往往被淡化了。

　　欧美进步左翼的议程转变有利也有弊。拥抱身份政治，这可以理解，也有必要。不同的身份群体各有各的生活体验，具体群体总是需要具体对待。这些群体之外的人往往察觉不到他们的行为对这些群体造成的伤害，在强调性骚扰、性侵犯问题的"米兔"运动中，许多男性就意识到了这一点。身份政治的目标是通过对相关人群真正有益的方式改变文化和行为。

　　通过聚焦细化的不公正体验，身份政治使公共政策和文化规范发生了可喜的变化，令相关群体从中受益。"黑人的命也是命"运动使得全美各地警察局在面对少数族裔公民时变得更加小心，尽管警察滥权案例仍有发生。"米兔"运动拓宽了大众对性侵犯的理解，就既有刑法在处置相关问题时的缺陷开启了一场重要的探讨。它带来的最重要影响可能是在行为规范上的广泛变革，改变了美国及其他地区男性和女性在工作场所互动的方式。

　　所以说，身份政治本身没有任何问题；它是对不公正必然和自然的反应。它只有在身份被以特定方式诠释或维护的时候才成为问题。对某些进步主义者而言，身份政治成了严肃思考的廉价替代物，让他们不用再去考虑如何扭转这三十年里多数自由民主国家的社会经济更趋不平等的趋势。在精英机构圈子里争论文化议题，比争取资金、说服立法者放下疑虑改变政策容易得多。最打眼的身份政治发生在20世纪80年代以来的大学校园里。大学课程可以通过在阅读书目中增加女性和少数族裔作者，改起来相对容易；而改变问题群体的收入或社会状况则要难得多。近年来作为身份权利诉求焦点的多个选民群体，如硅谷女高管、有抱负的好莱坞女演员和女制片人，高居收入分布的顶端。帮她们实现更大的平等是好事，但是丝毫不能消除那1%和余下的99%之间的醒目差距。

聚焦定义更新、范围更窄的边缘化团体，会产生第二个问题：历史更悠久、更大的群体不再受到关注，他们的严重问题将遭到忽视。在美国白人工人阶层当中，很大一部分人已经坠入更低阶层，与非裔美国人在20世纪七八十年代的经历相当。但是，我们很少听到左翼的活动家关心美国阿片类药物泛滥、乡村贫困单亲家庭子女成长的命运，至少直到最近都是这样。今天的进步主义者全无雄韬伟略去应对不断推进的自动化带来的、规模可能会非常大的失业问题，或者去应对技术可能带给所有美国人的收入差距，不论白人黑人、男人女人。同样的问题也折磨着欧洲的左翼政党：最近几十年，法国共产党和社会党的大量选民转投国民阵线，德国社会民主党则因为支持默克尔欢迎叙利亚难民，导致2017年选举出现了类似的倒戈现象。[10]

当前对身份的各种理解还存在第三个问题：它们可能威胁

言论自由，进而威胁维系民主制度所必需的理性对话。自由民主国家致力于保护在思想的市场中，特别是在政治领域中畅所欲言的权利。但是，对身份的关切与理性对话的需要发生了冲突。身份群体对生活体验的关注重视的是情感体验到的内在自我，不是理性审视下的内在自我。有观察者说，"我们的政治文化在微观层面上有个特征：某人的观点和他们所认为的独特、永久、真实的自我融为一体。"这就使得真诚的观点高于本可能强迫人放弃这种观点的理性反思。[11] 当一种观点冒犯某人的自我价值感时，这种观点往往就丧失了合法性，因社交媒体而泛滥的形式简短的讨论更加助长了这种趋势。[12]

有一种政治战略提出，可以让各种身份群体联合成一股左翼势力，马克·利拉（Mark Lilla）解释说，这种战略也有问题。[13] 美国政治制度当前的功能失调和衰退，与美国政治愈演愈烈的严重极化有关，政治极化使日常治理沦为推行边缘政策，可能令这个国家的一切制度全都政治化。致使政治发生极化的责任不应由左翼右翼平等分摊。托马斯·曼（Thomas Mann）和诺曼·奥恩斯坦（Norman Ornstein）认为，共和党转向以茶党为代表的极端主义观点，比民主党向左转的速度快得多。[14] 但左翼本身也变得更左了。两党都是在借此应对两党选举制和初选为政治参与者带来的刺激。最关注身份议题的参与者很少广泛地代表整体选民；事实上，他们的关切往往偏离主流选民。此外，现代身份强调生活体验的性质在自由主义联盟**内部**制造了矛盾。例如，"文化挪用"之辩已经让进步主义黑人和进步主义白人针锋相对。[15]

最后可能也是最重要的问题是，正是左翼目前实践身份政治的方式激发了身份政治在右翼的兴起。是身份政治催生了**政治正确**，而反对政治正确成了右翼政治动员的主要源头。既然政治正确成了2016年美国总统选举的中心议题，那我们有必要倒回去想想这个说法源出何处。

政治正确指的是那些你不能在公共场合说出来，否则就要担心受到道德谴责的东西。每个社会都有一些观念违背基本的合法观念，因而不能进入公共讨论。在自由民主国家，人可以自由地在私下里相信并说出希特勒杀犹太人没有错，或者奴隶制是一种慈善制度。根据美国宪法第一修正案，人说这种话的权利受到宪法保护。但是，支持这种观点的政治人物将会承受大量的道德谴责，因为他们违背了美国《独立宣言》宣布的平等原则。许多欧洲民主国家不像美国这样对言论自由持绝对主义观点，它们在多年前已将发表类似言论定为刑事罪行。

但政治正确的社会现象远比这复杂。新的身份不断被发现，可接受言论的边界不断变化，让人很难跟得上："manholes"现在要说成"maintenance holes"；*"华盛顿红皮队"的名称是在诋毁美洲原住民；†在涉及跨性别人群的上下文中用错**他**（he）和**她**（she），说明对跨性人变性人缺乏应有的敏感。知名生物学家威尔逊（E. O. Wilson）只因说有的性别差异有生

---

* Manholes/maintenance holes 的意思是用于检修地下管道的检查井。因为 manholes 中含有"man"（男人），而检修地下管道的工人不乏女性，所以有人质疑该词含有性别歧视色彩，主张以不含"man"的同义词组 maintenance holes 取代。——译注

† 华盛顿红皮队（Washington Redskins）是一支美国橄榄球队的名字，其中 redskin 的字面意思是红皮肤，是对北美印第安人的蔑称。——译注

第十一章　从身份到种种身份

物学基础而被兜头浇了一盆水。这些单词中没有哪一个在民主的基本原则方面有什么意义，它们只是挑战了某个特定群体的尊严，表明使用者对那个群体特定的挑战和斗争缺乏认识、缺少同情。

政治正确更极端的形式说到底不过属于一个相对较小的群体：左翼的作家、艺术家、学生和知识分子。但它们却被保守媒体特意拎出来当成整个左翼的代表。这可以解释2016年美国总统选举一个超乎寻常的方面：特朗普的言行，安在其他任何一个人身上，都会终结其政治生涯，但特朗普在他的核心支持者当中人气一直很旺。他在竞选演讲中嘲笑残疾记者，被曝曾自夸对女性手脚不干净，说墨西哥人是强奸犯、罪犯。他的很多支持者可能并不认同特朗普的所有表述，但他们喜欢的是他无惧于政治正确的压力。特朗普完美地实践了为人真实的伦理价值，而为人真实的伦理价值正是我们这个时代的特点：他可能信口开河、偏执顽固，没个总统的样子，但至少他怎么想就怎么说。

凭借如此直面政治正确，特朗普在身份政治的焦点从左翼（它的诞生地）移到右翼（现在的扎根地）的过程中发挥了关键作用。左翼的身份政治往往只合法化某些身份，忽视或贬低其他身份，如欧洲（也就是白人）族裔、基督教宗教性、乡村居民、传统家庭价值观信仰，以及相关的身份种类。在特朗普的工人阶级支持者当中，许多人觉得自己被国家精英忽视了。好莱坞拍了许多有强大女性、黑人、同性恋角色的电影，但很少有电影以这些人为核心角色，除非偶尔嘲笑他们，比如威尔·法瑞尔（Will Ferrell）的《塔拉迪加之夜》（*Talladega Nights*）。乡村人口是民粹运动的主力——不仅在美国,在英国、匈牙利、波兰等国也是如此,他们往往相信,他们的传统价值观受到城里都市化精英的严重威胁。他们觉得自己是某种世俗文化的受害者,这种文化小心地避免批评伊斯兰教、犹太教,却说他们的基督教是狭隘偏执的标志。他们觉得精英媒体的政治正确使他们身处险境,例如2016年科隆迎新年活动爆发穆斯林男性大规模性侵事件,德国主流媒体好几天不予报道,就因为担心加重人们的伊斯兰恐惧症。

在这些新右翼身份当中,最危险的是那些与种族有关的身份。特朗普总统一直小心避免公开表露种族歧视的观点,却欣然接受持此种观点的个体和群体的支持。对于前三K党领袖戴维·杜克（David Duke）,他含糊其词不肯批评,而是在2017年8月弗吉尼亚州夏洛茨维尔（Charlottesville）"团结右翼"集会*后将暴力事件归咎于"双方"。他花了很多时间专门抨击黑人运动员、黑人名人。这个国家为了争论该不该拆除向南方邦联英雄致敬的雕像而进一步极化,但特朗普却愉快地利用了这场争论。自他得势后,白人民族主义渐渐从边缘运动变成了美国政治的主流。它的支持者指出,将"黑人的命也是命"、同性恋权利、拉丁裔选民作为围绕特定身份合法建构的群体来讨论,这在政治上已经被大家接受;但是,谁要是出于

---

* 团结右翼集会（Unite the Right Rally）,2017年8月11日至12日发生于美国弗吉尼亚州夏洛茨维尔的右翼集会,参加该集会的政治势力包括另类右翼、新纳粹主义、三K党、白人民族主义等极右翼团体。——译注

自我认同使用**白人**这个形容词,或者更糟糕,以"白人权利"为主题搞政治组织,马上就会被当成——用白人民族主义者的话说——种族主义者加狭隘偏执狂。

类似的事情在其他自由民主国家也有发生。白人民族主义在欧洲历史悠久,以前叫法西斯主义。1945年法西斯主义在军事上被打倒,此后一直被小心地压制着。但近年来的事件放松了一些限制。21世纪第一个十年中期的难民危机之后,东欧出现恐慌,担心穆斯林移民打破该地区的人口平衡。2017年11月波兰独立纪念日那天,大约六万人在华沙游行,高呼"纯粹波兰,白色波兰""难民滚出去!"(尽管波兰收留的难民人数相对较少)执政的民粹主义政党法律与公正党(Law and Justic Party)与游行者保持了距离,但是,它像特朗普一样,也传递出模棱两可的信息,暗示它对游行者的目标并非完全不同情。[16]

左翼身份政治的支持者可能认为,右翼的身份诉求不合法,不能和少数族裔、女性等边缘化群体放到同一个道德层面,他们的诉求恰恰反映的是一个占主导地位的主流文化的视角,这种文化在历史上一直享有特权,现在也依然如此。

这些观点显然是有道理的。保守派认为,好处被有失公允地给了少数族裔、女性或难民,他们觉得政治正确横行霸道遍地都是,他们的这种看法过于夸张了。社交媒体要为这个问题负很大的责任,因为一句单独的评论、一个单独的事件能在互联网上来回传递,成为一整类人的标志。对许多边缘化群体来说,现实一如既往:非裔美国人还是警察施暴的对象,女性还在被侵犯、被骚扰。

不过，值得注意的是，右翼如何从左翼那里借用了身份的语言和框架：我这个群体正在被迫害，它的境遇和痛苦不为社会所见，整个社会和政治结构（指的是媒体和政治精英）应该被彻底摧毁。身份政治就是一副镜头，意识形态光谱上的绝大多数议题现在都是通过它来观看的。

自由民主国家有充足的理由不围绕一系列不断繁殖、外人无法进入的身份共同体来管理自己。身份政治的运作方式是激发更多同类，不同群体视彼此为威胁。身份诉求之争不同于经济资源之争，通常没有谈判的余地：因种族、民族、性别而得到社会承认的权利基于的是固定的生物学特征，不能用来交换其他商品，也绝不可能被忽略。

抛却左右两翼某些支持者的观点不论，身份并非在生物学上决定的，而是经验和环境塑造的，定义身份的方式可狭可广。我是这么生的，不等于我就得这么想；生活体验可以转化成共同经验。社会要保护边缘化群体和被排斥群体，但也要展开讨论、达成共识，以实现共同目标。左右翼的关注点都转向保护越来越窄的群体身份，最终将威胁交流和集体行动的可能性。补救办法不是抛开身份的概念，因为它已经成了现代人思考自身和周围社会的一种方式。正确的方法是充分考虑现存的自由民主社会在事实上的多样性，给各种民族身份以更广泛、更包容的定义。接下来的两章就将阐述这个主题。

第十二章
我们人民

2011年"阿拉伯之春"过后,叙利亚陷入了一场毁灭性的内战,导致近四十万人丧生。据联合国难民事务高级专员公署统计,有四百八十万人离乡去国,其中一百万人前往欧洲,还有六百六十万人在叙利亚境内流离失所——冲突开始时,这个国家总人口是一千八百万。这场战争造成了许多连锁反应,包括使土耳其、约旦、黎巴嫩、伊拉克等邻国失去稳定和一场震动欧盟的移民危机。

如果没有清晰的民族身份感会怎么样?叙利亚就是一个极端的例子。叙利亚战争的近因是2011年爆发的反阿萨德政权和平抗议,抗议是由"阿拉伯之春"引起的。阿萨德并未就此下台,与反对派之间产生了暴力冲突。双方冲突引起国外群体的关注,外国战士涌进叙利亚加入"伊斯兰国"。因土耳其、沙特阿拉伯、伊朗、俄罗斯、美国的支持,叙利亚在内战的泥淖中越陷越深。

导致这些事件的深层原因是宗派分裂。1970年政变后，叙利亚一直由哈菲兹·阿萨德（Hafiz al-Assad）统治，2000年以后，他儿子巴沙尔接手，父子二人都是阿拉维派成员。阿拉维派是伊斯兰教什叶派的一个分支，战前约占叙利亚人口的12%；其他的叙利亚人大多数是逊尼派穆斯林，此外还有大量基督徒、雅兹迪人及其他少数族裔。族裔和语言上的分歧还存在于阿拉伯人、库尔德人、德鲁兹人、土库曼人、巴勒斯坦人、切尔克斯人等族群间，这些分歧偶有和宗教分裂相互呼应之势。暴力极端分子、温和伊斯兰主义者、左翼、自由主义者之间还有意识形态上的分歧。阿拉维派之所以主导着叙利亚的政治生活，是因为过去在该地区采取分而治之的法国殖民者曾将他们招入军队。阿萨德家族统治期间，阿拉维派一直遭到国内其他团体的憎恨和抵制，国家维持稳定全靠阿萨德父子对反对派的压制。很少有人超越对自身宗派、族裔团体或宗教的忠诚，忠于一个所谓的叙利亚实体。当高压型国家现出疲态，像2011年那样，这个国家就陷入困境了。

脆弱的民族身份在大中东地区是个大问题。也门、利比亚已经沦为失败国家，阿富汗、伊拉克、索马里饱受内乱失序之苦。其他发展中国家虽然相对稳定，但是也存在和民族身份感太弱有关的问题。整个撒哈拉以南非洲莫不如是，而且这是发展的主要障碍。比如，肯尼亚、尼日利亚等国在族裔上、宗教上是分裂的；它们能维持稳定，只因不同的族裔团体轮流上台掳掠国家。[1] 其结果就是高度腐败、严重贫困、经济无发展。

相比之下，日本、韩国、中国在开始现代化之前——甚至

第十二章　我们人民

在它们于19世纪遭遇西方列强之前——就已经有发展完好的民族身份。这些国家在20世纪和21世纪初发展得如此惊人，部分是因为它们对国际贸易、国际投资敞开大门的时候，不必解决身份的内部问题。它们也曾遭遇内战、被人占领、四分五裂。但是，一旦冲突平息，它们就可以基于民族传统和共同的民族目标得到重建。

民族身份始于对国家政治制度合法性的共同信念，无论这种制度是否民主。身份可在正式法律和制度的规定中得到体现，比如，教育系统教给儿童怎样的本国历史、哪种语言被视作官方的民族语言。但民族身份也延伸到文化和价值观领域。它包括人们讲的关于自己的故事：他们从哪里来，他们赞美什么，他们共同的历史记忆，怎样才能真正成为该社群的一员。[2]

在当代世界，基于种族、民族、宗教、性别、性取向等的多样性既是无可争辩的事实，也是一种价值。它对社会来说是件好事，理由很多。能接触别样的思考和行为方式，往往会激发创新、创造力和创业精神。多样性激发兴趣和兴奋感。1970年的华盛顿特区是个相当乏味的双种族城市，能吃到的最具异国情调的饭菜，就在康涅狄格大道上的北宫饭店（Yenching Palace）。如今，大华盛顿区族裔多样得不可思议：你能吃到埃塞俄比亚菜、秘鲁菜、柬埔寨菜、巴基斯坦菜，能流连于一个又一个的族裔飞地。这座城市的国际化还刺激了其他兴趣的出现：它成了年轻人的理想居所，他们带来了新的音乐、艺术、科技，还有过去没有的邻里生活。华盛顿的故事已经在世界各地许多都市区得到复制，从芝加哥到旧金山，从伦敦到柏林，莫不如此。

多样性还是适应性的关键。环境生物学家指出，人造的单一作物抗病能力很差，因为作物种群缺乏基因多样性。事实上，基因多样性是进化本身的发动机，进化就是以遗传适应和变异为基础。人们普遍担心世界丧失物种多样性，就是因为这会威胁长期的生物适应性。

最后，还有个体寻找身份的问题，我们前几章已经讨论过。人们往往抗拒被大的文化同化，尤其是在他们并非生在其中的情况下。他们希望自己那个独特的自我被承认、被赞美，不被压制。他们想感觉到自己与祖先的联系，想知道自己来自何处。即使不属于那个文化，他们也舍不得失去那些正在迅速消亡、能让人联想起以往生活方式的土著语言和传统习俗。

但是，多样性并非百利而无一害。叙利亚、阿富汗是非常多样化的地方，但这种多样性带来的是暴力和冲突，不是创造力和适应性。肯尼亚的多样性加剧了族裔分歧，助长内向型的政治腐败。族裔多样性导致自由的奥匈帝国在一战前几十年间分崩离析，当时，构成该帝国的各个民族认定他们无法在同一个政治结构里共同生活。19世纪末的维也纳是个大熔炉，产生了古斯塔夫·马勒（Gustav Mahler）、雨果·冯·霍夫曼斯塔尔（Hugo von Hofmannsthal）、弗洛伊德。但是，当帝国里的狭隘民族身份——塞尔维亚人、保加利亚人、捷克人、德意志人——纷纷维护起自己时，整个地区的暴力和不宽容便突然发作起来。[3]

民族身份在这个时期落下恶名，因为它和基于一种排他的、基于族裔的归属感,也就是族裔-民族主义,联系在了一起。这类身份对不属于本群体的人加以迫害,对外国人以居于他国的同族人的名义实施攻击。不过,问题不在于民族身份概念本身,问题在于民族身份采取的形式:狭隘、基于族裔、不宽容、侵略成性、深度不自由。

事情本可不必如此。民族身份可以围绕自由民主的政治价值观和提供结缔组织的共同体验来构建,在这种结缔组织中,不同的社群都可以蓬勃发展。印度、法国、加拿大、美国就做过这种尝试。民族身份有这样的包容感,对维系成功的现代政治秩序至关重要,原因如下:

首先是物理实力方面的安全。如果没有民族身份,可能发生的极端情况是国家瓦解、内战爆发,像前文所述的叙利亚、利比亚那样。退一步来说,脆弱的民族身份也会制造别的重大安全问题。大的政治单位比小的强大,能更好地保护自己。它们更有能力塑造国际环境,使其符合自身利益。比如英国,如果苏格兰是个独立国家,英国在过去这几个世纪中就不可能在地缘政治实践中扮演同样的角色。西班牙亦然,倘若它最富裕的地区加泰罗尼亚分裂脱离,它在地缘政治中的角色也会变得不同。严重分裂的国家很脆弱,欧洲独立运动风起云涌、美国政坛暗流涌动,两者都有可能加深这些地方的政治分裂,这也是为什么普京治下的俄罗斯会不动声色地关注它们的局势。[4]

其次,民族身份对政府质量很重要。好的政府——公共服务效率高、腐败程度低——靠的是国家官员将公共利益置于他们的狭隘利益之上。在系统性腐败的社会里,政客和官僚会把公共资源转移给他们自己的族裔社群、地区、部落、家族、政党，而如果他们不觉得自己对于社群的整体利益负有责任，就会把这些资源装进他们自己的口袋。

由此引出民族身份的第三个功能：推动经济发展。倘若人民不以国家为荣，他们就不会为国家工作。日本、韩国、中国强大的民族身份产生了聚精会神谋求国家经济发展而不是个人发财致富的精英，尤其是在经济腾飞之初的那几十年。这种公共导向性是"发展型国家"的基础，在撒哈拉以南非洲、中东、拉美等地则不常见。[5] 许多基于族裔或宗教的身份群体偏好内部交易，利用它们手中的国家权力为自己的群体谋好处。这可能会帮助新抵某国的移民社群，但他们日后的繁荣则关键取决于他们有没有能力融入这个更大的文化体系。经济蓬勃发展，需要尽可能最宽广的市场准入，在这样的市场中，完成交易不用看买家卖家的身份——当然，前提是民族身份没有成为对别国实施保护主义的基础。[6]

民族身份的第四个功能是扩大信任半径。信任如同润滑剂，既能促进经济交换，也能增强政治参与。信任基于一种叫社会资本的东西，也就是在共同价值观和非正式规范的基础上与人合作的能力。身份群体增进成员间的相互信任，但社会资本往往局限在狭窄的群体内。实际上，强大的身份往往会削弱群内人和群外人之间的信任。社会因信任而兴旺，但社会要有尽可能大的信任半径，才能运转良好。[7]

民族身份之所以重要的第五个原因是它有助于维系强大的社会安全网，以便缓解经济不平等。倘若社会成员觉得自己同

第十二章 我们人民

属一个大家庭，彼此间高度信任，他们就更有可能支持社会计划帮助比他们更脆弱的同胞。斯堪的纳维亚的强大福利国家正是靠着同样强大的民族身份感作为支撑。相比之下，社会分裂成一个个自顾自的群体，不觉得相互之间有什么共同点，就更有可能认为他们身处零和竞争之中，为了资源你争我夺。[8]

民族身份的最后一个功能是使得自由民主本身成为可能。自由民主是公民与政府之间、公民与公民之间的隐性契约。公民根据这份契约放弃某些权利，以便让政府保障其他更基本、更重要的权利。民族身份便建立在这份契约的合法性上，倘若公民不相信他们归属同一政体，民主制度便无法运转。[9]

但民主的质量不单取决于民主制度的基本原则是否被接受。民主国家要运转，就要有自己的文化。它们不会自动生成协议；实际上，它们必然是多样利益、多种观点、多类价值以和平方式实现和解的多元集合。民主需要商议和辩论，而商议辩论要发生，唯有人民接受关于什么可说、什么可做的问题存在一定的行为规则。为了共同的利益，公民往往不得不接受自己不喜欢或更偏好的结果，宽容和同情的文化必须战胜偏袒的激情。

身份植根于激情，激情是通过骄傲、羞耻、愤怒的情感，在情绪上体验到的。我已经讲过，这会如何削弱理性的辩论和商议。可话说回来，倘若公民不通过骄傲和爱国主义的情感对宪制政府、人类平等的理念多少怀着一些非理性的执着，民主社会便难以为继。这种执着能确保社会走出低谷，而单靠理性则只会让人接受对体制运转的绝望。

对民族身份构成最大挑战的政策议题是移民，以及和难民相关的议题。它们合在一起构成了欧美民粹式民族主义崛起的幕后驱动力。法国国民阵线、荷兰自由党、匈牙利奥尔班的青民盟、德国选择党，还有英国脱欧派，全都既反移民，又反欧盟。但对许多民粹主义者而言，这其实是同一个议题：他们非常讨厌欧盟，因为他们认为欧盟在剥夺他们管控自家国界的主权。1985年，欧盟创建了申根制度，规定大多数成员国相互免签，以便促进劳动力流动和经济增长。此外，欧盟授予进入欧洲的难民以广泛的权利，且强制执行这些权利的不是成员国法院，而是欧洲人权法院。*

这套制度开始运转后，达到了宣传所说的效果，劳动力得以流向可被更高效使用的地区，政治迫害的受害者得到了庇护。但它也导致许多欧盟国家的外国出生人口大量增加，2014年，叙利亚内战把一百多万叙利亚人送进欧洲，这个问题更是严重到亟待解决的地步。

同样，在美国，移民深深地改变了阶级和种族。根据政治学者佐尔坦·哈伊纳尔（Zoltan Hajnal）和玛丽萨·阿布拉亚诺（Marisa Abrajano）的数据显示，这是美国人把票投给共和党候选人的主要原因。[10] 20世纪60年代的民权运动之后，非裔美国人跟了民主党，这被普遍看作美国南部投入共和党怀抱的原因；现如今，移民正在扮演类似的角色。反墨西哥移民、

---

* 申根区与欧盟、欧元区有重叠，但不完全重合。有些欧盟成员，比如爱尔兰、英国选择不加入申根区，也有非欧盟成员，比如冰岛、挪威，实际上属于申根区。——作者注

反穆斯林移民在特朗普的竞选活动与后来当选总统的过程中发挥了首要作用。保守党对移民不满的核心问题是，据信目前有一千一百万至一千两百万无证移民在美国居住生活。美国的反移民政客像欧洲的民粹主义者一样抱怨国家未能行使主权，控制从南部国境线涌入的移民。所以特朗普承诺在美墨边境建一堵"又大又美"的墙。

移民引发反弹，这不足为奇，因为移民数量确实很多，相应的文化变化确实很大，有些情况堪称史无前例。表2是近六十年来一些富裕国家的外国出生人口数据。美国现在的水平与20世纪20年代相当，那之前曾有一大波移民于世纪之交进入美国。

欧美民粹主义政客的共同目标是"夺回我们的国家"。他们说，传统的民族身份理解正在被稀释、被压倒，罪魁祸首就是持不同价值观和文化的新来者，以及把民族身份概念说成是种族主义和不宽容的进步左翼。

但他们想夺回的是什么国家？美国宪法开宗明义："我们合众国人民，为建立更完善的联邦，树立正义，保障国内安宁，提供共同防务，促进公共福利，并使我们自己和后代得享自由的幸福，特为美利坚合众国制定本宪法。"宪法说得明明白白，主权在于人民，合法政府来自人民的意志。但它没有定义人民是谁，也没有定义个体在什么基础上可被纳入民族的共同体。

美国宪法在此处的留白提出了一些重要的问题：民族身份一开始是从哪里来的，该怎么定义它？人民的主权是民主选择的基础，可是什么构成了"人民"？既是事实又是意识形态的

表2　经济合作与发展组织部分国家的外国出生人口在总人口中的占比（%）

年份 国家	1960	1970	1980	1990	2000	2013	2015	2016
爱尔兰	2.58	4.41	6.54	6.49	8.665	16.42	16.9	—
奥地利	10.57	9.06	9.54	10.33	10.395	16.704	18.2	—
澳大利亚	—	—	—	22.769	23.037	27.713	—	—
比利时	—	—	—	—	10.328	15.508	16.3	—
波兰	—	—	—	—	—	—	1.6	—
丹麦	—	—	—	3.689	5.781	8.478	—	—
德国	—	—	—	—	12.402	12.776	13.3	—
法国	7.49	8.31	10.64	10.4	10.13	12.04	—	—
芬兰	—	0.705	0.811	1.27	2.631	5.594	6	—
韩国	0.316	0.42	1.23	0.1	0.321	—	—	2.6
荷兰	—	2	3.47	8.14	10.143	11.625	12.1	—
加拿大	—	—	—	15.234	17.36	19.993	—	—
美国	—	—	—	7.919	11.024	13.079	13.44	—
挪威	—	—	—	—	6.792	13.868	14.9	—
日本	0.56	0.587	0.65	0.871	1.02	—	—	1.4
瑞典	—	6.55	7.52	9.22	—	15.973	17	—
瑞士	—	13.41	16.87	20.73	21.864	28.303	27.9	—
西班牙	0.696	0.95	1.31	2.12	4.891	13.439	12.7	—
希腊	6.3	10.19	1.798	6.06	10.28	—	—	12.7
新西兰	14.08	14.57	15.11	15.56	17.187	22.406	—	—
匈牙利	—	3.89	3.45	3.35	2.885	4.525	5.1	—
意大利	0.915	1.6	1.97	2.52	3.73	9.457	9.7	—
英国	—	5.29	5.96	—	7.925	12.261	13.3	—

资料来源：经济合作与发展组织

第十二章 我们人民

多元文化主义是不是在削弱我们共同的公民身份感？如果是，有没有办法在多样的人民中重建对民族身份的共同理解？

美国宪法没有定义谁是美国人民，这反映出所有自由民主国家面临的一个大问题。政治理论学者皮埃尔·马南（Pierre Manent）指出，大多数民主政体建立在业已存在的民族和社会之上，这些民族和社会已经有发展良好的民族身份感，定义着它们的主权人民。但这些国家并不是以民主的方式创建的：德国、法国、英国、荷兰，都是在不民主的体制下、为领土和文化进行的长期且往往暴力的政治斗争的历史副产品。当这些社会走向民主时，它们的领土范围和既有人口便自然而然被当作人民主权的基础。东亚的日本和韩国也与此类似，它们在民主化的几百年前就已经是民族，它们的政治开放民主选择时用不着争辩"谁是人民"的问题。[11]

马南指出了现代民主理论一处重要空白。霍布斯、洛克、卢梭、康德、《联邦党人文集》的作者、约翰·斯图亚特·穆勒等思想家都认为，世界已经被分成众多民族，民族构成民主选择的基础。他们没有给出理论，去解释美墨边界为什么应该沿着格兰德河（Rio Grande）设置，阿尔萨斯该归法国还是德国，魁北克该属于加拿大还是"独特社会"，加泰罗尼亚基于哪些理由可以合法脱离西班牙，还有，移民人口占多大比例刚刚好。

这些理论工作留给了后来人。拉加德、希特勒之类的民族主义者用生物学定义民族，认为世上既有民族都是种族实体，亘古有之。还有人把据称恒久不变的文化传承当作民族的基础。这些理论成了20世纪早期欧洲侵略型民族主义的借口，它们的鼓吹者随着1945年纳粹垮台而被打倒。

那些可被称作"全球化世界大同派"的人主张,民族身份、国家主权这些概念本身早已过时,应代之以宽泛的跨民族身份和体制。这一派有两个论点。第一个论点是经济和功能层面的,说的是当今问题都是全球问题,因此需要在全球层面加以应对。这些议题包括贸易投资、反恐、环境、传染性疾病、毒品、人口走私,还有其他很多。民族和民族身份是国际合作的潜在障碍,应该逐步被一个新层次的跨国规则和组织替代。

第二个论点更理论化,出自国际人权法。自由民主国家建立在普遍平等的前提之上,而且这种平等既不由国界始,也不以国界终。以1948年《世界人权宣言》(Universal Declaration of Human Rights)为基础,一整套国际法体系不断发展,主张所有人类生来就有一些权利,各国都应予以尊重。[12] 人权法律在发展,国家的义务也在演变,不仅是对本国公民,也包括对移民和难民。有支持者甚至提出移民也是一种普遍权利。[13]

这两种论点在一定程度上都成立。但它们都不妨碍围绕民族国家构建国际秩序,也不改变那些国家内部拥有适当民族身份的必要性。认为国家已过时、应被国际机构取代,这种观点的缺陷在于,没人能想出好的办法,确保国际机构以民主的形式负责。民主机构的运作有赖于共同的规范和视角,最根本地说,有赖于共同的文化,这些都能存在于单个民族国家的层面,但却不存在于国际层面。围绕着既存的国家间的合作,有效的国际合作才能展开,而且已经展开了。几十年来,民族国家为了保护它们的民族利益一直在放弃某些主权。[14] 很多问题的解决需要这样的合作协商，可以继续这样合作协商下去。

　　世上大多数国家已经主动担负起尊重普遍人权的义务，也理应如此。但是所有的自由民主都建立在国家之上，国家的管辖权受限于领土之所达。没有国家能够无限制地承担义务，去保护本国辖区以外的人，而且如果它们真的那样做，世界会不会更好也未可知。国家理应自觉有道德义务去庇护难民、欢迎移民，但这些义务意味着高昂的经济和社会成本，而民主国家需要权衡它们和其他事务的轻重缓急。民主意味着主权在民，但是，如果无法界定谁是人民，它们就无法行使民主选择。

　　如此说来，政治秩序，无论是国内的还是国际的，都有赖于自由民主国家带着正确且包容的民族身份持续存在。但我们还要看看，在现存的民主国家里，这样的民族身份从何而来，以及它们在未来可能有怎样的变化。

第十三章
人民的故事

民族身份研究难以理论化,因为现有民族是历史斗争的副产品,这些历史斗争复杂而混乱,往往充满暴力和强制。民族在这些斗争中产生,成为构建民主制度的可操作平台,但得出的结果一直争议不断,始终面临人口、经济和政治变化的挑战。

民族身份的构建主要是通过四个途径。第一个途径是让人口穿越某个国家的政治边界,要么派定居者进入新领土,要么强行驱逐居住在某处领土上的原住民,要么干脆把他们杀光,或者三管齐下。其中第三种做法在 20 世纪 90 年代初的巴尔干战争期间被视为种族清洗,受到国际社会的谴责。但种族清洗过去被许多国家用过,包括民主国家,如澳大利亚、新西兰、智利以及美国,定居者进入这些国家后,他们所定居的领土上的原住民不是被暴力迁移,就是被杀光。

构建民族身份的第二个途径是调整边界,使其契合既有的同语言或同文化人群。在历史上,实现这一步,要么通过统一,比如19世纪六七十年代的意大利和德国,要么通过分裂,比如爱尔兰共和国于1919年脱离英国、乌克兰于1991年宣布从苏联独立。

第三个途径是同化少数群体和已有的同族裔、同语言群体。两百年前,法国是一个多语言国家,随着时间的推移,普罗旺斯语、布列塔尼语、弗拉芒语等不同的地方语言逐渐被巴黎法语取代。与之相似,迁移到阿根廷、美国的人——或者更有可能是他们的子女——学会了西班牙语、英语,融入主文化,社会地位不断提升。中国明显的族裔同质性——据说90%以上是汉族,也是三千多年来少数群体在语言和生物方面长期同化的结果。

第四条途径是重塑民族身份,使其契合相关社会的现有特点。与许多民族主义者的观点相反,"民族"不是亘古既有的生物实体;它们是通过社会构建的,这个过程既是自下而上的,也是自上而下的。构建民族的人可以刻意地塑造民族身份,使其与人民的特征和习惯相适应。印度国父甘地、尼赫鲁就是一个例证,他们基于既有的"印度的构思"构建了印度的民族身份,这个民族身份后来囊括了印度社会极其多样的人口。[1] 印度尼西亚、坦桑尼亚的建国者还创造了新的民族语言,以统一高度多样化的社会。[2]

最能塑造民族身份的政策是关于公民身份和居住权的规则、关于移民和难民的法律,以及公立教育机构用来给孩子讲民族史的课纲。同时,每个社会的艺术人、音乐人、诗人、导演、历史学者以及普通公民讲起各自的故乡和渴望时,也是在自下而上地讲述"人民的故事"。

关于民族构建在民主社会如何发生,影片《成事在人》(*Invictus*)提供了一个鲜活的案例。这部影片讲的是南非主办1995年橄榄球世界杯的故事。民主新南非刚刚告别20世纪90年代初的种族隔离,国家因种族和族裔的界限而支离破碎。体育正是分歧的一个体现:白人打橄榄球,黑人踢足球。该国的首任总统纳尔逊·曼德拉高瞻远瞩,深知体育之于民族自我意识的重要性,执意要求黑人支持以白人为主的国家橄榄球队:南非跳羚队。他不顾自己的党——非洲人国民大会(African National Congress)的坚决反对,坚持这样做。他没法把这种偏好强加给自己的追随者,只能哄骗和说服他们。多亏跳羚队最终拿下了冠军。他们打败了强大的新西兰全黑队,新西兰这支球队也在利用民族身份构建的手段——每次开赛前,他们会都跳一场毛利族的战斗舞蹈哈卡舞。

这四条构建民族身份的道路可以以和平协商的方式走,也可以以暴力胁迫方式走。现有民族都是四路并进的历史副产物,都有赖于协商与胁迫并用。对当代民族国家而言,移民和日益加剧的多样性当前,它们面临的挑战是以某种方式结合第二条和第四条道路,确定一个符合社会多样现实的、包容性的民族身份,同时也能使新来者和这个身份同化。这个任务的成败关乎自由民主的生死存亡。

当代欧洲的民族身份之争始于欧盟创始人罗伯特·舒曼(Robert Schuman)和让·莫内(Jean Monnet)。舒曼和莫内深知对民族身份的排他式、族裔式定义是欧洲两场世界大战的根源。[3] 为了矫正这个错误，他们于 1951 年创建了欧洲煤钢共同体（European Coal and Steel Community），由法国、比利时、西德、意大利、荷兰、卢森堡组成，意在防止德国重新武装，同时在这片曾经团结一体、后遭战争撕裂的地区促进贸易和经济合作。煤钢共同体逐步发展成欧洲经济共同体（European Economic Community），最后变成了欧盟，成员国数量稳步增加，现已有二十八个国家。

欧盟创始人有意弱化成员国层面的民族身份，主张"后民族"的欧洲意识，以此矫正 20 世纪上半叶侵略型族裔—民族主义的错误。[4] 他们希望，经济上的相互依赖会降低战争的可能性，政治合作会随之到来。他们在许多方面取得了巨大的成功：德国和法国曾是两场世界大战的死对头，如今已经很难设想它们会再度兵戎相见。来自一个阶层、大多受过良好教育的欧洲青年在甲成员国出生，在乙成员国上学，和丙成员国的人结婚，在欧盟多地和远离欧盟的地方工作。他们依然保留着出生国的民族意识，但他们的生活和整个欧盟紧密相连。

但是"欧洲"是否拥有一个比它想要取代的旧民族身份更强有力的身份，这一点尚不明确。欧盟刚成立的那数十年，在成员国层面过于明目张胆地赞美本民族身份的行为，在政治上是不被接受的。德国、西班牙之类有法西斯过往的国家尤其如此：公民不挥舞国旗，不高唱国歌，不高声给国家队喊加油。对它们来说，欧盟是庇护所，但未必是它们中意的归宿。

可是，欧盟领导人并不能投入太多精力构建新的身份。[5] 他们没有创建一个单一的欧盟公民身份，各成员国保留了规定公民身份的权力。盟旗、盟歌等"欧洲"身份的象征物姗姗来迟，而且多样化的欧盟成员并没有共同的公民教育。最严重的不足在于欧盟自身的民主责任制。欧盟权力最大的机构是欧盟委员会，一个非选举产生的技术官僚机构，主要目标是推动一个欧洲内部的单一市场。它只间接对人民负责，途径是通过代表各成员国政府的部长理事会。直选产生的欧洲议会权力相当有限，激发不出可观的选民投票率和热情。欧洲的公民明白，重要的选举还是在成员国层面，他们主要的能量和情感投入也被导向了那里。所以，他们对治理整个欧洲的机构几乎没有主人翁感和掌控感。

因此，就在精英们谈论欧盟内部"更紧密的联盟"的时候，现实情况是旧民族身份的幽灵还在附近游荡，仿佛不受欢迎的宴会来宾。对年龄更大、教育程度偏低、不能或不想利用新欧洲的流动之便的选民来说，情况尤其如此。这些幽灵在关键的岔路口现身，给整个欧盟制造生存威胁。

欧元危机就是生动的体现。欧洲的这种共同货币发行于1999年，使得希腊得以在21世纪第一个十年的繁荣期大举借贷。德国人十分乐意通过扩大福利国家来支持比自己过得差的欧盟同胞，但是不想对可能债务违约的希腊人那般慷慨。而且希腊在储蓄、债务、公共部门管理实践等方面与德国不同。作为希腊的主要债主，柏林在欧洲央行、国际货币基金组织的帮助下，强行要求希腊实施高压紧缩政策，且一直持续至今。欧元危机暴露出欧元区南北成员国之间深深的裂痕。如今，这些国家对彼此间的民族差异较危机爆发之前有了更多认识。

更大的矛盾是关于移民和难民的问题。20世纪90年代至21世纪第一个十年，在外国出生的移民人口因为众多原因急剧增加。首先，来自土耳其、巴基斯坦、摩洛哥等人口以穆斯林为主的国家的客工并未如期归返，而是把家人带过来，生儿育女，开始在接收国安顿下来。冷战结束之后，欧盟急剧扩张，对大批西进的东欧移民敞开大门，就像经济学理论提出过的那样，劳动者纷纷前往更富裕的国家寻找就业机会。

来自伊斯兰国家的移民在欧洲总是比别处来的移民更具争议性。原因很复杂。有的争议完全是种族主义、仇外心理、文化偏见的产物，有的是担心新来者不"融入"东道国社会。移民及其子女被指生活在自我封闭的街区，哪怕已经住了很多年，也不学习当地语言。

"9·11"纽约世界贸易中心遭袭后不久，伦敦、马德里接连发生类似的"基地"组织行动，上述担忧变得愈发真切。这些事件在多个欧洲国家引发了有关民族身份的激烈争吵，因为恐怖分子往往来自他们自己的社会。荷兰尤其如此。按人口占比来看，荷兰是穆斯林移民水平最高的欧洲国家之一。一位公开出柜的荷兰政客皮姆·富图恩（Pim Fortuyn）主张叫停穆斯林移民，理由是穆斯林对像他这样的人不宽容，不可能融入荷兰的宽容文化，争议由此开始。2002年5月，富图恩在一家电台办公楼外遭到刺杀，袭击者不是穆斯林，而是一名动物权益保护激进分子。但是，2004年，荷兰电影导演提奥·梵高（Theo van Gogh）被一名名叫穆罕默德·布耶里（Mohammed Bouyeri）的摩洛哥裔荷兰公民杀死。凶手被梵高的某部影片

第十三章 人民的故事

激怒,认为那部影片对伊斯兰教不敬。

叙利亚内战爆发,"伊斯兰国"在叙利亚、伊拉克成立之后,欧洲发生了新一波暴力事件。其中包括2015年1月巴黎《查理周刊》(Charlie Hebdo)事件*、同年年末导致一百三十人死亡的巴塔克朗剧院袭击事件、2016年3月布鲁塞尔机场爆炸事件,以及柏林、伦敦、尼斯、纽约的多起卡车冲撞路人袭击事件。一大批穆斯林群体因叙利亚冲突和激进传教者的线上招募而变得极端化。

这些袭击事件让人们关注起了公民身份和民族身份,因为太多的袭击者都是他们袭击之国的公民,是移民的第二代子女。显然,许多欧洲国家正在收留的愤怒移民越来越多,这些人并没有真正融入东道国社会,其中一小部分甚至似乎对东道国社会奉行的价值观怀有深仇大恨。

民族身份以前遇到的挑战不像现在这么严峻。从某种意义上说,多元文化主义诞生于加拿大,因为说法语的魁北克人要求获得法定权利在英语主导的大陆保护自己的语言和教育。1987年,加拿大人就《米奇湖协议》(Meech Lake Accord)展开磋商,这份协议要求加拿大修改宪法,将魁北克省作为"独特社会"予以保护。人们为这份协议陷入争论,因为它是一种不平等的群体认可:说法语的加拿大人被赋予的语言权利,说英语的并不享有。协议最终未获批准,但加拿大联邦制仍然保护魁北克的特殊文化权利,授权说法语的人和移民使用法语。

---

* 2015年1月7日,法国的讽刺漫画杂志《查理周刊》位于巴黎的编辑总部遭到极端分子的恐怖袭击,包括主编在内的十二人遇难,另有十一人受伤。——译注

穆斯林移民以当年的魁北克民族主义者不曾用过的方式挑战着多元文化主义的极限。魁北克民族主义者最极端的要求是把加拿大分裂成两个国家，但是即便分裂，也不代表民主价值观受到根本威胁，因为魁北克独立以后依然会是高质量的自由民主国家。法语文化诉求真正影响的是加拿大的语言规定，它使得说英语的人不得不学法语、用双语标志，但这充其量只是个小麻烦而已。

穆斯林社群的某些文化信仰和做法可未必如此。部分极端组织公然使用暴力，就是践踏明确的底线，任何社会都不会容忍。穆斯林群体的其他行为则更复杂。许多穆斯林家庭为女儿包办婚姻，这可能与年轻女性自主选择伴侣的权利相悖。许多虔诚穆斯林不赞成同性恋，可是同性恋婚姻已经像野火一样遍及整个欧洲。穆斯林群体以尊重文化的名义要求特殊对待，包括禁止男医生和男护士给穆斯林女性看病。还有，激烈的巴以冲突导致许多穆斯林表现出某种反犹主义，而自二战结束以来欧洲对反犹一直高度警惕、严加遏制。

20世纪第一个十年，欧洲出现了关于公民身份、移民、民族身份的激烈辩论。公民身份是双向的：它赋予公民一些受到国家保护的权利，但它也责成公民承担义务，首要的义务就是忠于国家的原则和法律。因为许多欧洲国家提供的大量福利，这个问题尤其令人头疼：有人强烈反对为那些似乎不接受社会契约基本条款的移民提供这种福利。还有人担心穆斯林跟以前的移民群体不一样，可能永远无法真正被东道国文化同化。法国国民阵线、丹麦人民党、荷兰自由党等右翼反移民政党得到了民众的支持，它们向主流政党施压，迫使后者采纳它们的要求。

结果，许多欧洲国家开始反思它们的公民身份法，进而反思移民可以正式加入它们社会的基础。移民同化的失败原因不是单方面的：许多欧洲民主国家的公民身份很难获得。公民身份可在出生时依照出生地原则或血统原则授予，也可在出生后通过归化获得。按照出生地原则，在一国的领土上出生，即自动成为该国公民；按照血统原则，公民身份取决于血统。[6] 美国一直奉行的是出生地原则，而且1868年宪法第十四修正案通过以后，这个原则对所有种族都有效了。该修正案规定："所有生在美国或已入籍美国、并受美国管辖的人，都是美国公民和他所居住的州的公民。"类似的规则也被应用于澳大利亚、加拿大等移民态度相对开放的国家。[7]

在欧洲，法国人一直是从政治和领土的角度考虑公民身份；他们在技术上奉行血统原则，但是入籍条件相对宽松，二代三代移民的公民身份几乎是自动获得。[8] 在传统上，只要一个人忠于共和国，忠于法语，且接受过法国教育，就是法国人。塞内加尔诗人列奥波尔德·桑戈尔（Léopold Senghor）于1983年入选赫赫有名的法兰西学院就是因为他对法语文学的贡献。

相比之下，德国、奥地利、瑞士（以及日本、韩国等亚洲民主国家）传统上一直根据血统原则确定公民身份，归化入籍很难。德国法律在2000年放宽之前，来自土耳其或其他中东国家的移民二代三代，即便德语说得无可挑剔，也难以获得公民身份；而来自苏联和其他东欧国家的德意志族裔只要能自证其德国种族就可入籍，哪怕不会说德语。[9] 日本是在公民身份和归化制度方面限制最严的发达民主国家之一，移民门槛也同样严苛，因此成为经济合作与发展组织最不多样化的国家之一。[10]

个别欧洲国家自2000年以后开始改革公民身份法。[11] 从某些方面看，抛弃血统原则、制定一套渴望入籍的移民能够达到的归化标准，有助于社会融合。新公民应该了解这个国家的历史，理解它的政治制度，并能相对流利地使用这个国家的语言。但是，有的要求定得非常苛刻，似乎是想要赶走而不是包容移民。比如，德国巴登－符腾堡州规定，接受同性婚姻是获得公民身份的条件，考虑到这个州本身就有着保守的天主教传统，这样的要求着实奇怪。[12]

除了这些正式的公民身份规则以外，赤裸裸的种族主义，以及其他较微妙的文化壁垒也妨碍同化。[13] "德意志人／的""荷兰人／的""丹麦人／的"之类的形容词原本就有族裔内涵。生于危地马拉或韩国的人移民到美国后可以自豪地宣称，他／她自入籍宣誓那一刻起就是美国人。而土耳其裔的德国公民即便他们生在德国、母语是德语，说他们是德国人也要难得多。荷兰是出了名的宽容，但那种宽容基于的是相似的社群，不是个体层面的融合。在荷兰的"支柱化"（verzuiling）制度之下，新教徒、天主教徒和各世俗社群多年来分别保留着自己的学校、报纸和政党。当穆斯林开始大量涌入时，他们往往被导向自己的支柱，上学只跟别的穆斯林孩子一起。荷兰的这套制度过去一直有效维持着这个分歧社会的和平，但是到了21世纪，它却有碍于同化文化背景迥异的移民。

第十三章 人民的故事

欧盟的东欧新成员国比创始成员国更不愿意接受文化差异巨大的新来者。1945年后，在苏联的影响下，东欧国家开始实施共产主义。这些国家的社会和政治发展遇到了挫折。与西德、西班牙不同，它们不必与自己的民族主义过往较劲，也不曾努力让自由主义价值观深入民心。它们几乎没有移民经验，在发达世界中属于最不多样化的社会。1989年以后，它们从共产主义阵营倒向了欧盟，但许多公民并不欢迎新欧洲代表的积极的自由主义价值观。结果，匈牙利的奥尔班宣称匈牙利民族身份基于匈牙利的民族性，而许多新一代东欧领导人将欧盟视作威胁，首要原因就是它对中东和非洲无穷无尽的移民敞开大门。

还有一个从未完全接受欧洲身份的欧盟成员国是英国。多年以来，英国一直是欧盟的关键成员国，它的疑欧派人数虽然不多，但是声音很大，主要是保守党的重要成员和一些新的政治团体，如奈杰尔·法拉奇（Nigel Farage）领导的英国独立党（UK Independence Party）。[14] 2016年6月，英国公投产生了脱欧的意外结果，人们预言这个投票结果会引发灾难性的经济后果，但是对许多脱欧派来说，脱欧问题主要是身份问题，不是经济问题。结合英国身份的历史遗产，这个投票结果或许不难理解。

英国人的疑欧主义扎根于一种历史悠久的英国例外论。1066年，英国被一个法国王朝征服，在接下来几百年间，英国历史与欧洲大陆的历史交织在了一起。但是，16世纪初，亨利八世与罗马教皇断绝关系，建立起一个独立的全国性新教教会，一种独特的英国身份感从此生根。历史学家艾伦·史密斯（Alan Smith）写道：

> 这种民族身份感和独特感不断发展，在伊丽莎白一世时代达到巅峰，借由英国文学史上最具影响力的作品——约翰·福克斯（John Foxe）的《殉道者之书》（Acts and Monuments）得到了经典的表达……它阐述了一种振聋发聩的理论：新教英格兰是上帝"选中的国家"……优于欧洲大陆上被奴役的教宗制信奉者，独立于英格兰王室以外的一切权威……这就是英格兰人以及后来的不列颠民族的理论，这个理论从那时起一直流行到20世纪70年代，直至这个国家加入欧共体，再一次臣服于外部权威的决定。[15]

英国的这种独特感因一系列事件得到了巩固：战胜西班牙无敌舰队，17世纪围绕内战展开、确立了议会主权的政治斗争。这一主权既然来之不易，就不可能轻易被放弃：听听脱欧派的说辞——欧洲大陆还在被奴役，这次的奴役者不是教宗，不是皇帝，是欧盟。

说得客气点儿，今天的欧洲民族身份是一团乱麻。欧盟的支持者未能成功创建强有力的泛欧身份感，以取代成员国自己的民族身份感。那些民族身份顽强持久，差异巨大，有的相对开放，能够接纳不同的人群，比如法国那种，有的故意给同化移民制造障碍，像匈牙利选择的那样。欧洲地区虽然确实受到了来自移民的威胁，但危险程度远不及移民和文化多样性引发

第十三章 人民的故事

的政治反应。反移民、反欧盟的魔鬼们已经被唤了出来，它们往往强烈地反对自由，可能损害欧洲地区繁荣的基础：开放的政治秩序。应对这样的反弹，不能拒绝身份本身，而是要对民族身份进行有意的塑造，以此促进民主和社群的开放。

比起大多数欧洲国家，美国的移民经验更长久，已经形成了一种更适合同化新来者的民族身份。但这个身份是长期政治斗争的产物，至今仍未最终确定。2016年特朗普当选总统以来，它遭到了一些人的尖锐抨击。

特朗普的竞选活动围绕反移民展开，特别是来自墨西哥和伊斯兰世界的移民。像同样反移民的欧洲人一样，许多特朗普支持者坚称他们想"夺回自己的国家"，这个诉求好像在说他们的国家被从他们手上抢走了。2017年8月，弗吉尼亚州夏洛茨维尔举行的"团结右翼"集会把新纳粹团体、种族主义团体聚集到一起，高呼"血与土"*，搞了一场有意模仿纳粹的火炬集会。针对这场集会，共和党参议员本·萨斯（Ben Sasse）在推特上发文说，"这些人真是令人作呕——而且对美国一无所知。这个有信条的国家是明确反对'血与土'的民族主义的。"[16]

萨斯觉得美国是个有信条的国家，这非常值得称道，尤其当时有个总统似乎同情在集会上现眼的诸多丑态，而且共和党的一众胆小政客也没有批评他。只是，美国的民族身份是经多年发展而来的，这个有信条的民族身份历经了数十年政治纷争

---

* 纳粹德国意识形态的核心，"血"代表种族主义的民族血统，"土"代表以土地为基础的农村生活美德和传统价值。——译注

方才出现,时至今日也未被全体美国人接受。

在《联邦党人文集》第二卷,约翰·杰伊(John Jay)发起了有关美国宪法草拟稿的辩论,原文如下:

> 天意乐见将这片相连的国土交予一个团结的人民,一个源自相同的祖先、说着同样的语言、信奉同一种宗教、坚守同样的政府原则、礼仪和风俗非常相似的人民。这个人民,通过他们的共同磋商、共同战斗和共同努力,在一场漫长而血腥的战争中并肩作战,浴血奋斗,光荣地建立了普遍的自由和独立。

注意杰伊对美国身份的定义有多具体、多狭隘。它基于共同的宗教(新教)、族裔(英国人的后代)、语言(英语)以及对共和政体原则的共同信仰。即便是被视为革命时期的激进左翼人士托马斯·潘恩(Thomas Paine)也声称他只与"每一个欧洲基督徒"亲如兄弟。托马斯·杰斐逊(Thomas Jefferson)怀疑自己沾染了苏格兰人血统,担心有移民来自不该来的欧洲地区,带来"遭到他们抛弃的政府采用的、他们在年轻时代接受的原则;即便他们能摒弃那些原则,也会代之以肆意放荡"。[17]

像这样担心美国的特质会因为引狼入室而遭到腐蚀的历史人物可不止杰斐逊一个。20世纪40年代,大批爱尔兰天主教徒抵达美国,引发本土主义反应,有人担心"教皇主义"和酗酒的影响,这种担心后来促成了1917年宪法第十八修正案禁

第十三章 人民的故事

酒令的通过。这个国家的盎格鲁—撒克逊新教精英有时担心德国移民把他们的绝对主义本能带到美国。这种担忧在美国加入一战后达到顶峰,不少德裔美国人试图掩盖自己的族裔身份。在大移民潮中抵达的数百万东欧人和南欧人也有同样的经历。大移民潮从19世纪80年代开始,直到1924年《约翰逊—里德法案》(Johnson-Reed Act)通过,根据来源国限制移民进入美国。

换言之,宗教和族裔是许多美国人思考自身的关键因素。但是,有一种信条式的叙事方式与这种观点针锋相对,而且有同样深厚的历史渊源。法国移民赫克托·圣约翰·克雷弗克(Hector St. John Crèvecoeur)在18世纪80年代写道,美国是"自由的庇护所、未来国家的摇篮、绝望欧洲人的避风港",在那里"各宗派、各民族杂糅混合"。乔治·华盛顿在政治上是这样描绘美国之所以独特的:一个"敞开接收富裕且尊贵的陌生人,也敞开接收各民族、各宗教的被压迫者、受迫害者"的地方。只视基督徒如兄弟的托马斯·潘恩也认为美国和其他国家不同,它由"来自不同国家、说着不同语言的人"组成,对这些人来说,"通过基于社会原则和人权来构建政府这一简单行动,所有困难都会退去,一切都能变成友好一致"。[18] 正是这些情感铸就了美国国徽上的铭文:**世界新秩序(**Novus ordo seclorum)和**合众为一**(E Pluribus unum)。

美国内战在根源上是一场美国人的民族身份之争。南方各州明确将身份和种族挂钩,把非白人排除在公民身份之外。他们援引宪法里的立国原则,就像斯蒂芬·道格拉斯(Stephen

Douglas)所做的那样,主张各州民主多数有权按照自己的意愿支持或反对奴隶制,联邦政府无权干涉它们的选择。亚伯拉罕·林肯则不以宪法为依据,而是援引《独立宣言》中"人人生而平等"的主张。在与道格拉斯的辩论中,林肯指出,平等的原则高于各州的权利,个别州的民主多数不能剥夺在州内生活的人的基本权利。林肯将国家带入战争,为的是捍卫联邦,他从一开始就明白,真正的问题是奴隶制及其对平等这一根本原则的威胁。*这种更广义的身份理解,就是林肯在葛底斯堡讲话中提到的"自由的新生"。[19]

南方战败拓展了"美国人民"的意义:第十三修正案废除奴隶制;第十四修正案规定公民身份包含在美国国土上出生或入籍的所有人(出生地原则),给予他们正当程序的平等权利;第十五条修正案禁止基于种族、肤色或曾经的被奴役状况剥夺投票权。可耻的是,这些修正案里的承诺一直到百年之后的民权时代才开始兑现,甚至在今天,企图限制少数族裔选民赋权的措施依然对它构成威胁。但是,民族身份不基于种族的原则,以及联邦政府有权强制执行美国人的基本权利,这些都得到了明确的阐述,且已成为大多数美国人看待自己的方式。

到20世纪中叶,美国的多样性已成事实,用宗教或族裔来界定美国人民已不可能。世纪之交那场大规模移民潮过后,生于外国的美国人比例上升到总人口的15%左右。在他们和

---

* 林肯在第二次就职演讲中说:"我们全国人口的八分之一是黑奴,他们并非遍布整个联邦,而是局部地分布于南方。这些奴隶构成了一种特殊而重大的利益。大家知道这种利益可说是这场战争的原因。"——作者注

他们的子女当中,有太多人不属于传统的宗教或族裔类别,从政者不能再像以前一样,把美国说成是"基督教"国家或者"盎格鲁-撒克逊"国家。约翰·杰伊提出的人民四大属性(同宗教、同种族、同语言、对共同政府原则的共同承诺)只有后二者尚存,即共同的语言和共同忠于民主政府。* 这就是参议员萨斯所说的"有信条的"美国身份。

对美国身份的这种信条理解是两个世纪长期斗争的结果,是与基于种族、族裔、宗教的早期理解的决裂。美国人可以为这种非常实质的身份骄傲:它基于对宪政主义原则、法治、民主责任制以及"人人生而平等"(如今女性也包括在内)的信念。这些政治观念直接来自启蒙精神,多元文化已成事实的现代自由民主要达成一致,这些观念是唯一可能的基础。

左翼和右翼日益实践的那类身份政治存在很严重的问题,因为它退回到了付出巨大代价才得以战胜的,基于种族、族裔、宗教等固定属性的身份理解。

左翼这边,狭隘身份政治的支持者声称,美国身份就是它的多样性,或者说,我们就是因多样性而团结在一起。还有人说,美国已经多样到没法再有一个民族身份,所以我们不必为了民族身份有这样那样的担心。考虑到民粹主义的身份理解最近在抬头,就不难理解,为什么人们退回多样性并以之为美德。说美国是多样化社会,这没有错。但多样性本身不构成身份的基础;否则就像是在说,我们的身份就是没有身份,或者我们

---

* 英语是美国身份的重要一体化属性之一,正因如此,人们对公立学校的双语和多语教学始终有争议。——作者注

应该习惯于我们没有任何共同之处，只强调各自狭隘的族裔或种族身份。

右翼这边，有些人已经退回到过去基于种族和宗教的身份理解。共和党前副总统候选人莎拉·佩林（Sarah Palin）曾说"真正的美国人"是生活在小城镇和乡村地区的人，这样说就是故意把美国城市里的多样人群排除在外。特朗普把这种观点抬到新的高度，唤醒了丑陋的民粹式民族主义，再度主张基于族裔或宗教的国家理解。就像他在2016年一次竞选集会上说的，"唯一重要的事，是人民的统一"，因为"别的人民什么都不是"。[20] 这意味着，在实践中"真正的人民"会把"别的人民"从公民生活中驱逐或以某种方式强行排除——这种表述不是为了民族统一，是要打内战。

许多研究现代民主的理论研究者认为，被动接受民主信条不足以让民主制度起作用。民主国家也需要公民方面的积极美德。托克维尔特别警告过民主社会的人可能遇到的诱惑，他们会转向内部世界，只操心自己和家庭的福祉。他认为，民主要成功，需要公民爱国、知情、积极、有公益心、乐于参政议政。在这个极化的时代，我们还可以加上一条：民主要成功，还需要公民思想开放、宽容异己，且时刻准备为民主共识妥协己见。

当代鲜有政治思想家主张，作为一个民族，美国要成功，不仅要对身份有最基本的信条理解，还需要一定的文化规范和美德。塞缪尔·亨廷顿是这些思想家中的一位。他在最新著作《我们是谁？》（Who Are We?）一书中提出这样一个问题："如果17世纪和18世纪来定居的不是英国新教徒，而是法国、西

第十三章 人民的故事　　153

班牙、葡萄牙的天主教徒，美国还会是今天的美国吗？答案是'不会'。美国不会是美国，会是魁北克、墨西哥、巴西。"[21] 亨廷顿谈到，他所称的盎格鲁—新教文化是美国身份的必要成分，而美国身份是一种围绕新教工作伦理构建的文化。

亨廷顿被批评是种族主义者，最近还被说成是特朗普在学术上的先驱。[22]但是，如果对亨廷顿的思路有正确理解，就算不赞成他开出的移民政策处方，也不会指责他是种族主义者。

亨廷顿不是支持美国身份的盎格鲁—新教理解，那种理解说的是只有盎格鲁—撒克逊新教徒才有资格当美国人。他说的是，盎格鲁—新教定居者来到美国，同时带来一种文化，那种文化对美国后来的民主成功至关重要。重要的是这个文化，不是文化参与者的族裔或宗教属性。在我看来，他这个观点正确无疑。

关于那种文化，亨廷顿强调的一个重要元素是"新教"工作伦理。经验可证，美国人工作确实比世界上其他许多人更勤奋——不如许多亚洲人勤奋，但肯定比大多数欧洲人勤奋。[23]这种工作伦理的历史渊源可能在于这个国家早期定居者的清教主义，但是，美国现在什么人工作勤奋？可能是开杂货店的韩国人、开出租车的埃塞俄比亚人、干园丁活的墨西哥移民，他们的勤奋程度不亚于有盎格鲁—新教传承、在乡村别墅吃红利过着舒服日子的某个人。我们可以不否认这种文化的历史渊源，但我们同时必须认识到，它已脱离特定的族裔宗教起源，成为全体美国人共有的财产。

我认为，亨廷顿错在担心墨西哥移民可能最终不会认同盎格鲁-新教价值观和习俗。经验证明,这种担心是杞人忧天。他的另一种担忧倒是更有道理:当代的多元文化主义和身份政治理解造成了前几代移民不曾遇到过的、不必要的同化障碍。

问题不在于美国人该不该走回头路,回到族裔或宗教的身份理解。当代美国的命运,以及任何其他希望继续生存的多元文化民主国家的命运,是成为信条国家。但它也需要对积极美德有所理解,这些美德不专属于特定群体,为民主运转所必需。现如今,再把身份与种族、族裔、宗教相关联,肯定是错的,但是,主张良好运作的民主国家的民族身份需要的不只是被动接受信条,这绝对正确。它还需要公民身份,需要人们践行某些美德。信条身份只是成功的必要但不充分条件。

第十四章
该做什么？

我们无法摆脱身份和身份政治。用查尔斯·泰勒的话说，身份是"我们自身的强大道德观念"，它跨边界、跨文化，因为它基于普遍的人类心理——激情。这种道德观念告诉我们，我们拥有真实的内在自我却不被承认，整个外部社会可能是虚假且压抑的。它关注我们要求尊严得到承认的自然渴求，它给我们一种语言，让我们在承认迟迟不来、心有怨恨时可以表达。

让对尊严的渴求不复存在，这既不可能，也不可取。从法国大革命，到突尼斯受辱小贩激发的抗议，这种渴求曾无数次点燃民众的怒火。抗议者要求被当作成年人对待，而且是能对高高在上的政府施加影响的成年人。自由民主基于赋予同等自由之个体的权利，也就是个体在决定集体政治生活时拥有同等程度的选择和行为能力。

但是，许多人不满足于只被平等承认为一般人。对生活在独裁统治下的人来说，民主国家公民享有的权利弥足珍贵，可民主一旦确立，这些权利就被认为是理所当然的。现在的东欧年轻人与他们的父辈有着截然不同的生活经历，把他们拥有的生活当作理所当然。这让他们得以关注别的事情：未被允许充分发挥的潜能，以及周遭的社会规范和制度如何束缚它们。

此外，身为自由民主国家的公民，并不意味着他们在现实中就会被政府或其他公民平等地尊重对待。他们被评判，是基于肤色、性别、源出民族、外貌、族裔或性取向。每个人、每个群体都以不同的方式体验着不被尊重，都在要求自己的尊严。于是，身份政治形成自己的动力，社会自我分裂成一个个越来越小的群体，每个群体都有它特定的受害者化的"生活体验"。

身份困惑是现代世界的生存境遇。现代化意味着经常的变化和破坏，以及以前没有过的开放选择。它是流动的、易变的、复杂的。流动性总的来说是好事：一代又一代，数百万人离开不提供选择的村庄和传统社会，奔向提供选择的地方。

但是，现代自由社会的自由和选择程度也会让人不快乐，让人与人之间失去联系。他们发现自己对自以为已经失落或者误以为祖先曾经拥有的社群和结构化生活念念不忘。他们想找的真实身份是能让他们与他人相联系的身份。他们会被领袖诱导，因为那些领袖告诉他们，既有权力结构不尊重他们、背叛他们，他们真正所属的那个重要社群的光荣伟大将重获承认。

许多现代自由民主国家走到了重大抉择的关口。它们不得不接受经济和社会的快速变革，且因全球化而变得愈发多样化。这让一度不为主流社会所见的群体生出对承认的渴求。这也让他们所取代的群体感到自己的地位在下滑，导致政治上的怨恨

第十四章 该做什么？

和反弹。二者都退回越来越狭隘的身份，使整个社会难以深思熟虑、集体行动。长此以往，国家将走向分裂和失败。

不过，现代身份的特点是可变。虽然有些个体会说服自己，他们的身份基于生物性，不受自身控制，但现代性的特点是拥有社会互动在各个层面塑造的多重身份。我们拥有依据种族、性别、工作场所、教育、爱好和民族来定义的多个身份。对许多青少年来说，围绕朋友们听的某种特定类型的音乐就可以形成身份。

但即使身份政治的逻辑是把社会分隔成越来越小的、只关注自身利益的群体，那么，它还是可能创造出更广泛、更一体化的身份。承认个体可以与更大范围的公民有共同的价值观和期待，不一定非得否认个体的潜能和生活体验不可。体验可以汇总出经验，生活体验也可能只是寻常的体验。所以我们在现代世界永远不会摆脱身份政治，但我们可以引导它恢复相互尊重彼此尊严的宽广面貌，让民主更好地运作。

当前时刻，如何把抽象概念转化成具体政策？可以从反对那些驱动身份诉求的具体滥权行为开始，比如警察对少数族裔肆意施暴，职场、校园等机构里的性骚扰和性侵。批评身份政治，不等于否认迫切的现实问题急需具体的解决方案。

在此之上，有个更大的待办事项：把小的群体纳入大的整体，在大整体的基础上构建信任和公民身份。我们要弘扬基于现代自由民主基本理念的、有信条的民族身份，并且运用公共政策，有意识地把新来者同化进这样的民族身份。自由民主有自己的文化，必须予以推崇，使之高于那些拒斥自由民主的文化。

近几十年,欧洲左翼开始支持一种多元文化主义,它淡化移民融入民族文化的重要性,它打着反种族主义的旗号,对同化不成功的事实视而不见。新民粹主义右翼则对基于族裔或宗教的民族文化念念不忘,这是一种正在消逝的文化,它基本上没有移民,也没有多少多样性。

在美国,身份政治把左翼分裂成一系列身份群体,产生了精力旺盛的政治活动者。左翼在许多方面与曾是它最大票仓的身份群体——白人工人阶级失去了联系。这导致民粹主义右翼兴起,民粹右翼觉得自己的身份受到威胁,还得到了一个靠煽动愤怒和极化来满足个人虚荣的总统的教唆怂恿。

欧洲的当务之急是必须从重新定义公民法里的民族身份开始。理想情况下,欧盟应该创建单一公民身份,其基本要求应该是认同自由民主的根本原则,这些要求最终将取代各成员国的公民身份法。这以前在政治上就不可能,现在随着民粹主义政党在欧洲大陆兴起,更是想都不用想。如果欧盟能实现自身民主化,将权力从欧盟委员会转交欧洲议会,并且通过创造适当的符号和叙事,再利用共同教育系统加以灌输,努力经营欧洲身份,弥补过去留下的缺憾,或许能有帮助。但这种办法可能也非欧盟力所能及,因为欧盟有二十八个成员国,每一个都看重本民族的独特权利,欧盟如若出台上述计划,它们很可能会予以否决。因此,任何行动无论好坏,都只能在成员国层面发生。

欧盟成员国要将基于血统原则的法律改成基于出生地原则,以免给某个族裔团体比另一个更多的优待。对新公民入籍实施严格要求，这完全合法，美国多年来一直在这样做。在美国，除了要证明连续居住五年以外，新公民还被要求能读、能写、能讲基础英语，了解美国历史和治理，道德品质良好（即无犯罪记录），并且要在入籍时宣誓效忠美利坚合众国，表示认同美国宪法的原则和理想：

> 我在此庄严宣誓，我完全放弃我对以前所属任何外国亲王、君主、国家或主权之公民资格及忠诚。我将支持并捍卫美利坚合众国的宪法和法律，对抗国内外所有敌人。我将真诚地效忠美国。当法律要求时，我将为美国拿起武器。当法律要求时，我将在美国军队执行非战斗任务。当法律要求时，我将在政府指挥下完成对国家重要的工作。我在此自由宣誓，绝无心智保留，绝无逃避之意。请上帝帮助我。[1]

如今，随着移民人数增多，双重国籍越来越普遍。对跨国旅行、多国安家的许多人来说，持多国护照可以带来很大的便利。但是，如果严肃对待民族身份，这种做法就相当可疑。不同的民族有不同的身份、不同的利益，可能导致自相矛盾的效忠关系。最明显的问题是服兵役：假设某人同为两国公民，两国开战，那他的忠诚自然就成了问题。这个问题可能没有现实意义，因为当今世界大多数国家不大可能进入交战状态，但是很不幸，我们不能假设军事冲突在未来永不发生。即使排除上述情况，双重国籍也会引发严重的政治问题。例如，2017年德国大选期间，土耳其威权总统埃尔多安鼓励土裔德国公民把票投给可能支持土耳其利益的从政者，而不是投给他们认为最有益于德国的人。同为两国公民的人可能比已经宣誓放弃效忠土耳其的人更难抉择。[2]

除改变公民身份的正式要求外，欧洲国家还要改变民众们基于族裔的民族身份理解。21世纪初，一个名叫巴萨姆·提比（Bassam Tibi）的叙利亚裔德国学者建议，把Leitkultur，即主文化，作为德国民族身份的基础。[3] 主文化被定义为信奉自由启蒙式的平等和民主价值观。可他的建议遭到左翼抨击，理由是它暗示那些价值观优于其他文化的价值观。左翼这么做无形之中安慰了伊斯兰主义者和信奉族裔身份的右翼。德国需要的恰恰就是类似主文化的东西，需要一场规范的变革，好让土耳其人能说自己是德国人。这种变化已经出现了，但是进展缓慢。[4]

往远了看，某种泛欧身份有朝一日可能出现。也许这要在欧盟当前的烦琐官僚决策结构之外才可能发生。欧洲人创造了应该引以为傲的非凡文明，它可以包容来自其他文化的人，即使它知道自身文化的独特性。

与欧洲相比，美国对移民的态度要友善得多，因为它早就在长期移民史的基础上发展出了自己的信条身份。与欧洲人相比，美国人一直以他们的新入籍公民为荣，入籍仪式往往大操大办，有卫队护旗，有本地政客发表充满希望的演讲。政治学者西摩·马丁·李普塞特（Seymour Martin Lipset）说过，在美国，人可能会被批评"不美国"，而在丹麦，人不可能被批评

第十四章 该做什么？

"不丹麦"，在日本，人不可能被批评"不日本"。美国特色包含一整套信仰和一种生活方式，而不是一个族裔；人偏离得了前者，偏离不了后者。

今天，我们要再次大力强调并捍卫美国内战后出现的信条民族身份，使之免于左翼和右翼的攻击。右翼这边，众多新白人民族主义者叫嚷着把国家拖回基于种族、族裔、宗教的身份。对这种不美国的观点必须予以坚决拒斥，刻不容缓，就像本·萨斯努力做的那样。

左翼这边，身份政治损害着美国民族故事的合法性，它强调受害者化，暗示种族主义、性别歧视以及其他形式的系统性排斥在某种程度上是这个国家固有的基因。所有这些问题一直是且将继续是美国社会的面貌，现在要予以正视。但是进步主义的叙事也可以讲，讲困难陆续被克服，讲基于立国原则、尊严得到国家承认的人群范围一直在扩大。这种叙事展示的是林肯"自由的新生"的愿景，也是美国人在感恩节（也是林肯创造的节日）期间庆祝并赞美的东西。

美国确实因多样性受益匪浅，但美国不能围绕多样性原封不动地构建民族身份。身份必须和宪政、法治、人人平等之类的实质理念相关。美国人尊重这些理念，对于拒绝这些理念的人，国家有理由剥夺他们的公民身份。

国家一旦定义出恰当的信条身份，开放地面对现代社会多样性的既成事实，移民争议的性质就会不可避免地发生改变。在欧洲和美国，这场辩论现在已经两极分化，右翼主张彻底阻止移民，还希望把现有移民送回原籍国，左翼则主张自由民主国家这一方承担近乎无限的移民接纳义务。但是，真正的重点应该在于制定战略，把移民更好地同化进国家的信条身份。成功同化的移民会带给社会一种健康的多样性，移民的益处可以得到充分发挥。同化失败的移民是国家的累赘，有时还构成危险的安全威胁。

欧洲人嘴上说要更好的同化，却没有一套有效的政策跟进。改革议程因国而异，因为欧洲各国对这个问题的处理方式很不一样。不少国家还采取了一些政策在积极阻碍融入，比如荷兰的"支柱化"制度。英国和其他一些欧洲国家像支持基督教学校、犹太学校一样给穆斯林学校提供公共资金。这只是在一定程度上反映了移民社群集中的地理分布，而且是以平等待遇的名义进行的。但是，如果目标是同化，这一整套架构就该换成教授标准化课程的公立学校系统。像荷兰那样的情况，要让这样的改变在政治上可行尚需时日，但是如果国家想要认真对待移民融入问题，就必须这样做。[5]

法国的问题有所不同。法国的共和国公民概念，像美国的类似概念一样，是有信条的，是围绕诞生于法国大革命的自由、平等、博爱的理念建立的。1905年，关于世俗性的法律通过，教会与国家正式分离，让法国不可能像英国、荷兰那样动用公共资金支持宗教学校。[6] 法国的问题有三个方面。首先，不论法国法律如何规定，法国社会大量歧视依然存在，限制着移民的机会。其次，法国经济表现连年欠佳，整体失业率是邻国德国的两倍。法国移民青年失业率高达35%，法国青年整体失业率达25%。要让移民融入，法国要做的一件重要的事是给他们提供工作机会，增加他们对美好未来的希望，比如放松劳工市场，就像马克龙（Emmanuel Macron）尝试的那样。最后，法国民族身份和法国文化的理念一直被说成恐伊斯兰，同化这件事本身对许多左翼人士来说在政治上不可接受。捍卫普世公民共和理想的重任不应交给国民阵线那样的政党。

在美国，同化工作始于公共教育。美国的基础公民意识教育一直在衰落，不仅对移民如此，对本国出生的美国人也一样，这必须纠正。像欧洲一样，美国也有政策在阻碍同化，例如，纽约市公立学校系统教授大约十三种语言。推广双语和多语课程本来是为了帮助非母语人士加速掌握英语，但它已发展出自己的拥护者，教育官僚也在捍卫自己的既得利益，全然不顾掌握英语的实际结果如何。[7]

移民同化可能需要更积极的措施。近几十年，美国和其他发达民主国家的法院逐渐模糊了公民与非公民之间的区别。[8] 非公民合理享有许多法定权利，包括正当程序、言论、结社、自由实践宗教信仰、包括教育在内的一系列国家服务等等。非公民也承担着与公民同样的义务：他们被期待守法，必须纳税，只有陪审员义务在美国是只有公民才有。持证件非公民与无证件非公民有着更显著的区别，后者可能被驱逐出境，但即便是无证件者，也享有正当程序的权利。唯一一项只赋予公民的重大权利是选举权；此外，公民可以自由出入国境，在国外旅行期间可期待得到政府支持。

这些区别虽然小，但保留它们却很重要。基本人权是普遍权利，但充分享有国家权力赋予的权利，则是对加入民族共同体和接受该共同体规则的奖励。选举权尤其重要,因为它赋予个体一份国家权力。作为一个人,我可以拥有公民身份和政治代表的抽象权利,但是身为美国公民,我不会期待自己能在意大利或加纳投票,即便我在其中一国生活。

当代自由民主国家保护它们公民的权利,尤其是选举权,却不要求很多回报。对民族共同体的归属感可通过国民服役的普遍规定得到巩固。这些规定将凸显一个事实,即有承诺、有牺牲,公民身份才能维持。国民服役,可以在军队,也可以在政府部门。这个规定实际上已经清楚地写在了美国入籍誓词里。誓词说,当法律要求时,要有意愿为国家拿起武器,或在政府部门服务。如果这些服务得到正确安排,就能促使青年与来自非常不同的社会阶层、地区、种族、民族的人一起工作,就像现在的兵役一样。一如各种形式的共同牺牲,国民服役是让移民融入民族文化的有力做法。国民服役可以成为古典共和的当代形式,鼓励美德和公共精神的民主表现,而不是纯粹任由公民各自追求自己的私人生活。

实施关注同化的政策也意味着欧美移民的人数和变化将会很重要。当移民人口增速超过本土人口,使移民与主文化同化的难度会更大。当移民社群达到一定规模,它们往往倾向于自给自足,不再需要与自身共同体之外的群体有联系。它们能压垮公共服务,耗尽学校和其他公共机构的能力来关照它们。移民对公共财政的净效应从长远看可能是积极的,但是,只有当他们找到工作、成为纳税公民或合法居住的外国人,积极效应才会发生。大量的新移民也可能削弱本土出生公民对慷慨福利政策的支持，这已经成了欧洲和美国移民争论的要素。

自由民主国家在经济和文化上皆因移民而受益匪浅。但它们无疑也有权控制自己的边界。民主政治制度基于政府与公民之间的契约，契约双方均有义务。公民身份和权利行使不设定边界，契约就毫无意义。人人都有公民身份这一基本人权，按照《世界人权宣言》的说法，这个权利不能被随意剥夺。但这不意味着所有人都有在任一国家获得公民身份的权利。而且，国际法也不否认国家有权控制其边界，或为公民身份设定标准。[9] 难民缺的是同情心、同理心和支持。与所有道德义务一样，这些义务也要酌情调整，要实际考虑稀缺的资源、彼此竞争的优先事项，以及支持计划在政治上的可持续性。

对欧洲来说，这意味着欧盟作为整体需要更好地控制其外部边界，这在实践上意味着给意大利、希腊等国物质帮助和更大权威，以便管控进入欧洲的移民流。负责此事的欧洲边境管理局人手不足，资金短缺，对阻挡移民最上心的成员国偏偏不给它有力的政治支持。内部自由流动的申根制度在政治上不可持续，除非欧洲外部边界问题以某种方式得到解决。

美国的情况有所不同。多年来，美国在移民法的落实方面反复无常。落实移民法不是不可能，它关乎政治意愿。在奥巴马政府时期，被驱逐的移民人次是增加了，但这些行动往往具有随意性，不能成为可持续的长期政策。落实法律不需要边界墙；无证外国人大部分是合法入境美国，签证过期后滞留不归。相关规则可通过雇主制裁制度得到更好的执行，为此要建立全国性的身份识别系统，让雇主掌握谁在这个国家是合法居留。

这种情况之所以没发生，是因为太多雇主受益于移民提供的廉价劳动力，不愿充当执法者，也是因为独独美国反对全国性的身份证制度，因为左翼和右翼都不信任政府。

结果，美国现在收留有一千一百万至一千二百万无证外国人。这些人中的绝大多数已经入境多年，做着有用的工作，生儿育女，而且行为做事一如守法公民。像本土出生的人群一样，这个群体当中也有犯罪分子，但若要因为他们曾经违反美国法律进入美国，就说他们全是罪犯，这种观点是荒谬的。同样，认为美国可以强行要求这些人全体离境归返原籍国，也是荒谬的。如此规模的行动堪比纳粹德国。

因此，移民改革方面的商榷可能已经存在一段时间了。作为交换，政府要采取严肃的执法措施管控边界，换来同意给无犯罪记录的无证外国人获得公民身份的途径。[10] 这种交换实际上可能得到美国公众的多数支持，但是核心的反移民者坚决反对任何形式的"特赦"，支持移民的群体则反对更严格地执行现有规则。美国政治体制两极分化，功能失调，导致多年来无法达成妥协。我曾把这类情况称为美式"否决制"，即少数人的观点可以轻易阻挠多数人的共识。[11]

如果美国严肃对待移民同化，就要按照上文概述的思路改革移民制度。获取美国公民身份、宣读入籍誓言是同化的关键标志，能够深刻地影响人的情感。有人反对说，为无证外国人提供获得公民身份的途径，是在奖励他们违反美国法律，允许他们插队，排到合法寻求入籍的外国人前头。要求提供公共服务，或许有助于缓和这种担忧。这个国家正在为同化制造不必

第十四章 该做什么？

要的障碍，它幻想数百万无证外国人现在和平且高产地生活在这里，最终都会被送回原籍国。与此同时，美国连既有法律都无力执行，又将使这个问题持续存在。

公共政策聚焦于成功同化外国人，可能给当前欧美崛起的民粹主义造成沉重的打击。这些猛烈攻击移民的新团体，实际上是怀有不同关切的各色人等的联盟。其中的核心人群是受种族主义和偏见的驱使，他们的想法难以改变。他们不用被搭理，只需从道德上予以反驳。但其他人关切的是新来者最终能否被同化。他们不怎么担心有移民来，而是担心移民的数量、变化的速度，以及现有制度接纳这些变化的承载能力。聚焦同化的政策可能缓解他们的担忧，将他们和那些单纯的偏执者分开。不论结果如何，让政策聚焦同化都有利于民族融合。

移民、难民和公民身份相关政策是当前身份争论的核心，但问题远不止于此。正如亚当·斯密所言，身份政治根深蒂固，是因为穷人和边缘化团体不被他们的同胞看见。因失去地位而产生的怨恨是从现实的经济困境开始的，化解这种怨恨的方法之一就是缓解对工作、收入、安全的担忧。

尤其是在美国，大部分左翼人士几十年前就不再思考可能帮助穷人摆脱根本困境的宏大社会政策。空谈尊重尊严，比提出切实减少不平等但是成本可能很高的计划容易得多。奥巴马总统是个例外，他的"平价医疗法案"（Affordable Care Act）是美国社会政策的里程碑。反对者把"奥巴马医改"污蔑成身份议题，说它是黑人总统设计出来帮黑人选民的政策。但它事实上是一项全国性政策，旨在帮助不富裕的美国人，无论他是哪个种族、何种身份。该法案的受益者不乏南方乡村白人，可那些人却被说服，把票投给了誓言推倒"奥巴马医改"的共和党政客。

身份政治使得出台有雄心的政策难上加难。20世纪大部分时间里，自由民主国家的政治围绕的是广泛的经济政策问题。进步左翼想保护普通人免受市场变化莫测的伤害，运用国家权力更公平地分配资源。右翼则想保护自由企业制度，保护人人参与市场交换的能力。共产主义者、社会主义者、社会民主主义者、自由主义者、保守党在政治光谱上从左排到右，可以根据他们希望的国家干预程度、承诺平等还是承诺个人自由来衡量。也有一些重要的身份团体，包括关注民族主义、宗教或区域性问题的政党。不过，自"二战"结束至今，民主政治的稳定性一直围绕着居主导地位的中左翼和中右翼政党，这些政党基本都认同民主福利国家的合法性。

这一共识如今代表着一种旧建制，遭到牢牢扎根于身份议题的新政党的猛烈质疑。这对民主政治的未来构成了巨大挑战。经济政策之争在20世纪早期也曾导致急剧的两极分化，但民主国家发现，对立的经济愿景往往会各让一步、达成妥协。身份议题则相反，很难达成和解：你要么承认我，要么不承认我。因失去尊严或不被看见而心生怨恨，这里往往有经济根源，但为身份而战往往会让我们偏离焦点，不再关注本可具体解决问题的政策。在美国、南非、印度等国，由于种族、族裔、宗教的层级化，很难创建广泛的工人阶级联盟去为再分配斗争，因为更高地位的身份群体不想与低于他们的群体共事一业，反之亦然。

身份政治的兴起得到了技术变革的助力。20世纪90年代，互联网刚开始成为大众传播平台，当时许多观察者（包括我本人）认为它会成为促进民主价值观的重要力量。信息是一种权力，如果互联网增加了每个人获取信息的机会，那它就更广泛地分配了权力。而且，社交媒体的兴起看起来尤其是有用的动员工具，它让想法相同的群体围着共同关心的问题聚合在一起。互联网的点对点性质将扫除各种守门人的专制，正是这些守门人在看管着人们可以获取的信息。

所以，一切反威权的抗议行动，从格鲁吉亚的玫瑰革命和乌克兰的橙色革命，到伊朗失败的绿色革命，再到突尼斯起义和埃及塔利尔广场暴动，都有社交媒体和互联网的助力。一旦普通人掌握了将虐待行为广而告之的技术手段，政府行动就更加难以保密；如果不是手机和视频录像无处不在，"黑人的命也是命"运动也开展不起来。

但是，随着时间的推移，一些威权政府搞明白了如何管控自己的人民使用互联网，消除它产生的政治威胁，例如俄罗斯学会了怎样把社交媒体变成削弱民主对手的武器。[12]但是，即使没有外部介入者，社交媒体也为身份群体所用，加速了自由社会的碎片化。它让想法相同的人超越地理限制，相互建立联系。它让他们能够彼此交流，并且把他们不喜欢的人和观点挡在墙外，仿佛"过滤泡"一样。在大多数面对面的社群里，相信古怪阴谋论的人很有限，到了线上，却可以找到成千上万的人相信阴谋论。通过削弱传统媒体的编辑、事实审查员和专业守则，社交媒体还加速劣质信息的传播，增加抹黑和诋毁政治对手的蓄意行为。而且它的匿名性摆脱了文明的约束。它不仅支持社会从身份的角度看待自身的意愿，还通过线上社群助长新的身份，无数的网络社区就是这么干的。

对未来的担忧往往在虚构作品里有最好的表达，尤其是基于新科技构想未来世界的科幻作品。20世纪上半叶，许多前瞻性的担忧集中在抹杀个体和隐私的集权官僚专制。乔治·奥威尔（George Orwell）的《1984》预言老大哥通过电幕控制个体，阿道司·赫胥黎（Aldous Huxley）的《美丽新世界》(*Brave New World*)则预言国家会运用生物技术给社会分层并加以控制。20世纪后几十年，想象中的反乌托邦性质开始变化，环境崩溃、病毒失控走到舞台中央。

还有一个特定流派在表达身份政治引发的焦虑。布鲁斯·斯特林（Bruce Sterling）、威廉·吉布森（William Gibson）、尼尔·斯蒂芬森（Neal Stephenson）等赛博朋克写手看到，主导未来的不是中央集权式独裁，而是由互联网这个新技术助长的失控的社会碎片化。斯蒂芬森在1992年的小说《雪崩》(*Snow Crash*)中想象了一个无处不在的虚拟"元界"（metaverse），里面的个体可取化身，可以互动，可随意改变自己的身份。美国被分解成一个个"城镇飞地"（burbclaves），就是更细分的一块块郊区，分别关照不同的狭隘身份，如"新南非"代表的是挥舞联邦旗的种族主义者。从一个社区到另一个社区旅行需要护照和签证。中央情报局被私有化，企业号航母成了难民的流动庇护所。联邦政府权力缩小到只覆盖联邦建筑所在的土地。[13]

第十四章　该做什么？

我们现在的世界正在同时走向相反的绝望之土，一个是高度集权化，一个是无休无止的碎片化。一方面，一些国家正运用科技和社会信用体系集中权力。另一方面，世界各地正在目睹中央集权体制的崩溃，涌现出许多失败国家，全球正走向极化，失去对共同目标的共识。社交媒体和互联网推动形成了独立的社群，围护这些社群不需要物理围栏，靠的是对共同身份的信仰。

好在反乌托邦小说几乎永远不会成真。它可以想象当前趋势继续以夸张的方式发展下去会变成什么样子，提供有用的警告：《1984》成了极权主义未来的象征，给我们打了一剂预防针，让我们远离它。我们可以想象一个更好的未来，充分考量社会日益增长的多样性，提供一副多样性得以推动共同目标，支持而不是破坏自由民主的愿景。

身份是当今诸多政治现象基本的主题，从新民粹式民族主义运动，到伊斯兰主义战士，再到在大学校园里的争议。我们不可能不用身份的语言思考自身、思考社会。但我们要记住，深居于我们内心的身份既不恒定，也不一定得自出生的偶然。身份可用于分裂，也可用于整合。这样才能救治当今的民粹主义政治。

注 释

前言

1. Francis Fukuyama, "The Populist Surge," *The American Interest* 13 (4) (2018): 16–18.
2. Larry Diamond, "Facing up to the Democratic Recession," *Journal of Democracy* 26 (1) (2015): 141–55.
3. Francis Fukuyama, "The End of History?," *National Interest* 16 (summer 1989): 3–18; *The End of History and the Last Man*, (New York: Free Press, 1992).
4. 我是用 Alexander Kojève 的视角诠释黑格尔，Kojève 把发展中的欧洲经济共同体视作历史终结的化身。
5. Francis Fukuyama, *The Origins of Political Order: From Prehuman Times to the French Revolution* (New York: Farrar, Straus and Giroux, 2011); *Political Order and Political Decay: From Industrial Revolution to the Globalization of Democracy* (New York: Farrar, Straus and Giroux, 2014).
6. 我向真正花时间读我的书的人致谢。尤其参见 Paul Sagar, "The Last Hollow Laugh," *Aeon*, March 21, 2017, https://aeon.co/essays/was–francis–fukuyama–the–first–man–to–see–trump–coming.
7. Seymour Martin Lipset Lecture; Francis Fukuyama, "Identity, Immigration, and Liberal Democracy," *Journal of Democracy*, 17 (2) (2006): 5–20; Latsis lecture "European Identity Challenges," "The Challenges for European Identity," *Global*, January 11, 2012, http://www.theglobaljournal.net/group/francis–fukuyama/article/469/.

第一章 尊严的政治

1. Samuel P. Huntington, *The Third Wave: Democratization in the Late Twentieth*

Century (Oklahoma City: University of Oklahoma Press,1991).

2. Steven Radelet, *The Great Surge: The Ascent of the Developing World* (New York: Simon and Schuster, 2015), 4.

3. 有关全球不平等加剧的全面论述，参见 Branko Milanovic, *Global Inequality: A New Approach for the Age of Globalization* (Cambridge, MA: Belknap Press, 2016).

4. Diamond, "Facing Up to the Democratic Recession," 141–55.

5. Ali Alichi, Kory Kantenga, and Juan Solé, "Income Polarization in the United States," IMF Working Paper WP/16/121 (Washington, DC, 2017); Thomas Piketty and Emmanuel Saez, "Income Inequality in the United States, 1913–1998," *Quarterly Journal of Economics* 118 (1) (2003): 1–39.

6. Viktor Orbán, "Will Europe Belong to Europeans? ," 2011 年 6 月 22 日在罗马尼亚伯伊莱图什纳德发表的演讲，*Visegrád Post*, July 24, 2017. https://visegradpost.com/en/2017/07/24/full-speech-of-v-orban-will-europe-belong-to-europeans/.

7. Rukmini Callimachi, "Terrorist Groups Vow Bloodshed over Jerusalem. ISIS? Less So," *New York Times*, December 8, 2017.

8. Orbán, "Will Europe Belong? "

9. James D. Fearon, "What Is Identity (As We Now Use the Word)?," 未出版论文，November 3, 1999, http://fearonresearch.stanford.edu/53-2.

第二章　灵魂的第三部分

1. Daniel Kahneman, *Thinking, Fast and Slow* (New York: Farrar, Straus and Giroux, 2013).

2. *The Republic of Plato*, trans., with notes and an interpretive essay, by Allan Bloom (New York: Basic Books, 1968), variorum sec. 439b–c.

3. 同上，439e–440a.

4. 同上，440a–b.

5. 同上，440e–441a.

6. 关于平等激情在实践中如何开展的论述，参见 Robert W. Fuller, *Somebodies and Nobodies: Overcoming the Abuse of Rank* (Gabriola Island, British Columbia: New Society Publishers, 2003).

7. Robert H. Frank, *Choosing the Right Pond: Human Behavior and the Quest for Status* (Oxford: Oxford University Press, 1985), 7.

第三章　内在与外在

1. G. R. Elton, *Reformation Europe, 1517–1559* (New York: Harper Torchbooks, 1963), 2.

2. Martin Luther, *Christian Liberty*, ed. Harold J. Grimm (Philadelphia: Fortress Press, 1957), 7–8.
3. Charles Taylor, *Sources of the Self: The Making of the Modern Identity* (Cambridge, MA: Harvard University Press, 1989), 18.
4. Elton, *Reformation Europe*, 196.
5. Charles Taylor, *Sources of the Self and Multiculturalism: Examining the Politics of Recognition* (Princeton, NJ: Princeton University Press, 1994).
6. 参见 Arthur M. Melzer, *The Natural Goodness of Man: On the System of Rousseau's Thought* (Chicago: University of Chicago Press, 1990).
7. Jean–Jacques Rosseau, *Oeuvres complètes de Jean–Jacques Rousseau* Vol.3 (Paris: Editions de la Pléiade, 1966), 165–66. 作者译。
8. 同上, 165.
9. Jean–Jacques Rousseau, *Les rêveries du promeneur solitaire* (Paris: éditions Garnier Frères, 1960), 17. 作者译。
10. Charles Taylor, *The Ethics of Authenticity* (Cambridge, MA: Harvard University Press, 1992), 26.
11. 卢梭相信性是自然的,家庭不是自然的。这种观点看起来与行为上的现代人不符。但是,它与现代黑猩猩相符,也可能与据说是现代人祖先的黑猩猩类动物相符。
12. 有关这个主题的详细讨论,参见 Fukuyama, *Origins of Political Order*, 26–38.
13. Frank, *Choosing the Right Pond*, 21–25.

第四章 从尊严到民主

1. Alexandre Kojève, *Introduction à la lecture de Hegel* (Paris: editions Gallimard, 1947).

第六章 表现型个人主义

1. Rex Glensy, "The Right to Dignity," *Columbia Human Rights Law Review* 43 (65) (2011): 65–142.
2. Samuel Moyn, "The Secret History of Constitutional Dignity," *Yale Human Rights and Development Journal* 17 (2) (2014): 39–73. **尊严**这一术语进入有关堕胎的争议,是因为基督教教会坚称人的尊严始于胚胎受孕,构成不可侵犯的道德地位。
3. 格伦西指出,**尊严**一词出现在《联邦党人文集》第一卷(汉密尔顿语),但只与高级官员的地位一道出现。参见 Glensy, "The Right to Dignity," 77.
4. Taylor, *Ethics of Authenticity*, 29.
5. David F. Strauss, *The Life of Jesus, Critically Examined* (London: Chapman Brothers, 1846)
6. Planned Parenthood of Southeastern Pennsylvania v. Casey, 505 U.S. 833.

第七章　民族主义与宗教

1. Johann Gottfried von Herder, *Reflections on the Philosophy of the History of Mankind* (Chicago: University of Chicago Press, 1968).
2. 同上，31.
3. 赫尔德对他所处时代的绝对君主制无特殊好感，不认为它们比北美或非洲的无国家社会更有利于人类福祉。参见 Johann Gottfried von Herder, *J. G. Herder on Social and Political Culture* (Cambridge : Cambridge University Press, 1969) 318–19.
4. Ernest Gellner, *Nations and Nationalism* (Ithaca, NY: Cornell University Press, 1983), 33, 35.
5. Fritz Stern, *The Politics of Cultural Despair: A Study in the Rise of German Ideology* (Berkeley: University of California Press, 1974), 19–20.
6. 同上，35–94 各处。
7. Olivier Roy, "France's Oedipal Islamist Complex," *Foreign Policy*, January 7, 2016; Olivier Roy, "Who Are the New Jihadis?," *Guardian*, April 13, 2017.
8. Richard Barrett, *Foreign Fighters in Syria* (New York: Soufan Group, 2014).
9. 参见 Omer Taspinar, "ISIS Recruitment and the Frustrated Achiever," *Huffington Post*, March 25, 2015.
10. Gilles Kepel, *Terror in France: The Rise of Jihad in the West* (Princeton, NJ: Princeton University Press, 2017); Robert F. Worth, "The Professor and the Jihadi," *New York Times*, April 5, 2017; Robert Zaretsky, "Radicalized Islam, or Islamicized Radicalism?," *Chronicle of Higher Education* 62 (37) (2016).

第八章　错误的地址

1. Sheri Berman, "The Lost Left," *Journal of Democracy* 27 (4) (2016): 69–76. 另参见 "Rose Thou Art Sick," *Economist*, April 2, 2016.
2. Thomas Piketty, *Capital in the Twenty-First Century* (Cambridge, MA: Belknap Press, 2014), 20–25, 170–87.
3. 亿万富翁，即按 2013 年美元价值估算，财产达到二十亿美元的人，在 1987 年至 2013 年间人数增加了五倍；他们的财富总和高于非洲所有财富的总和。Milanovic, *Global Inequality*, 41–45.
4. 同上，11.
5. Alichi, Kantenga, and Solé, "Income Polarization in the United States," 5.
6. Gellner, *Nations and Nationalism*, 124.

第九章 看不见的人

1. Adam Smith, *The Theory of Moral Sentiments* (Indianapolis: Liberty Classics, 1982), 50–51.
2. Frank, *Choosing the Right Pond*, 26–30.
3. 同上，21–26. 另参见 Francis Fukuyama, *Our Posthuman Future: Consequences of the Biotechnology Revolution* (New York: Farrar, Straus and Giroux, 2001), 41–56.
4. Kahneman, *Thinking, Fast and Slow*, 283–85.
5. Federico Ferrara, "The Psychology of Thailand's Domestic Political Conflict: Democracy, Social Identity, and the 'Struggle for Recognition'," "Coup, King, Crisis: Thailand's Political Troubles and the Royal Succession" 国际研讨会上提交的论文, Shorenstein Asia–Pacific Research Center, Stanford University, January 24–25, 2017.
6. 可参见 Julius William Julius Wilson, *The Truly Disadvantaged: The Inner City, the Underclass, and Public Policy* (Chicago: University of Chicago Press, 1988).
7. Charles Murray, *Coming Apart: The State of White America, 1960–2010* (New York: Crown Forum, 2010); Robert D. Putnam, *Our Kids: The American Dream in Crisis* (New York: Simon and Schuster, 2015).
8. Anne Case and Angus Deaton, "Rising Morbidity and Mortality in Midlife Among White Non–Hispanics in the Twenty–First Century", *Proceedings of the National Academy of Sciences* 112 (49)(December 8. 2015); "Mortality and Morbidity in the Twenty–First Century," *Brookings Papers on Economic Activity*, March 23–24, 2017.
9. U.S. Census Bureau, *Current Population Survey* online data tool.
10. Katherine J. Cramer, *The Politics of Resentment: Rural Consciousness and the Rise of Scott Walker* (Chicago: University of Chicago Press, 2016), 61.
11. Arlie Russell Hochschild, *Strangers in Their Own Land: Anger and Mourning on the American Right* (New York: New Press, 2016),127.
12. Cramer, *Politics of Resentment*, 9.
13. Hochschild, *Strangers in Their Own Land*, 143.

第十章 尊严的民主化

1. 人类潜能运动由伊莎兰学院推动，该学院的早期主管之一是 Virginia Satir，加州任务力量组织就是敬献并缅怀此人。
2. Abraham Maslow, *A Theory of Human Motivation*, (New York: Start Publishing, 2012).
3. *Toward a State of Self–Esteem: The Final Report of the California Task Force to Promote Self–Esteem and Personal Social Responsibility* (Sacramento: California State Department of Education, January 1990), 18–19.

4. 同上，19, 24. 自尊的普遍需要在 Robert W. Fuller, *Dignity for All: How to Create a World Without Rankism* (Oakland, CA: Berrett–Koehler Publishers, 2008)中也有论述。

5. Philip Rieff, *The Triumph of the Therapeutic: Uses of Faith After Freud*, (Chicago: University of Chicago Press, 1966), 4, 13.

6. 要总体了解，可参阅 Katie Wright, *The Rise of the Therapeutic Society: Psychological Knowledge and the Contradictions of Cultural Change* (Washington, DC: New Academia Publishing, 2010), 13–28.

7. Lionel Trilling, *Sincerity and Authenticity* (Cambridge, MA: Harvard University Press, 1972), 142.

8. Christopher Lasch, *The Culture of Narcissism: American Life in an Age of Diminishing Expectations* (New York: Norton, 1978), 10, 13.

9. Frank Furedi, *Therapy Culture: Cultivating Vulnerability in an Uncertain Age* (London: Routledge, 2004), 4–5, 10.

10. Robert H. Schuller, *Self–Esteem: The New Reformation* (Waco, TX: WacoBooks, 1982). Shuller 的作品属于历史更长的美国自助读物系列，类似作者还有 Norman Vincent Peale 等。案例作品可参阅 Shuller 的 *Success Is Never Ending, Failure Is Never Final: How to Achieve Lasting Success Even in the Most Difficult Times* (New York: Bantam Books, 1990).

11. Bob DeWaay, *Redefining Christianity: Understanding the Purpose Driven Movement* (Springfield, MO: 21st Century Press, 2006).

12. Andrew J. Polsky, *The Rise of the Therapeutic State* (Princeton, NJ: Princeton University Press, 1991), 158–64.

13. 同上，199–200.

14. 引自 Herbert Lindenberger, "On the Sacrality of Reading Lists: The Western Culture Debate at Stanford University," *The History in Literature: On Value, Genre, Institutions* (New York: Columbia University Press, 1990), 151.

15. 关于大学履行治疗使命的总体潮流，描述见 Frank Furedi, "The Therapeutic University," *American Interest* 13 (1) (2017): 55–62.

第十一章　从身份到种种身份

1. Donald Horowitz, *Ethnic Groups in Conflict* (Berkeley: University Of California Press, 1985), 141–43.

2. Ta–Nehisi Coates, *Between the World and Me* (New York: Spiegel and Grau, 2015), 7–10.

3. Simone de Beauvoir, *The Second Sex* (New York: Alfred A. Knopf, 1953).

4. Stuart Jeffries, "Are Women Human?" (an interview with Catherine Mackinnon), *Guardian*, April 12, 2006.

5. 参见Jacob Hoerger, "Lived Experience vs. Experience," *Medium*, October 24, 2016, https://medium.com/@jacobhoerger/lived–experience–vs–experience–2e467b6c2229.
6. 这些观点全部出自Hoerger，同上。
7. Kimberlé Williams Crenshaw, "Mapping the Margins: Intersectionality, Identity Politics, and Violence Against Women of Color," *Stanford Law Review* 43:1241–99, July 1991.
8. Mathieu Bock–Cote, *Le multiculturalisme comme religion politique* (Paris: Les éditions du Cerf, 2016), 16–19.
9. Sasha Polakow–Suransky, *Go Back to Where You Came From: The Backlash Against Immigration and the Fate of Western Democracy* (New York: Nation Books, 2017), 23–24.
10. Theo Lochocki, "Germany's Left Is Committing Suicide by Identity Politics," *Foreign Policy*, January 23, 2018.
11. Maximillian Alvarez, "Cogito Zero Sum," *Baffler*, August 2, 2017, https://thebaffler.com/the–poverty–of–theory/cogito–zero–sum–alvarez.
12. Rebecca Tuvel因In Defense of Transracialism一文所受的对待就是例子。此文刊载于期刊*Hypatia*上，参见*Hypatia: A Journal of Feminist Philosophy* 32 (2) (2017): 263–278。凯莉·奥立弗（Kelly Oliver）曾评论说"如果这是女性主义……"，参见*Philosophical Salon*, May 8, 2017, http://thephilosophicalsalon.com/if-this-is-feminism-its-been-hijacked-by-the-thought-police/. 也可参阅Kelly Oliver, "Education in an Age of Outrage," *New York Times*, October 16, 2017.
13. Mark Lilla, *The Once and Future Liberal: After Identity Politics* (New York: HarperCollins, 2017).
14. Thomas E. Mann and Norman J. Ornstein, *It's Even Worse Than It Looks: How the American Constitutional System Collided with the New Politics of Extremism* (New York: Basic Books, 2012).
15. 文化挪用指的是某个种族、族裔、性别的人使用或利用另一个群体的文化。一个典型的例子是，艺术家Dana Schutz描绘Emmett Till被肢解遗体的画作曾被要求当众摧毁，理由是她是白人，却在描绘黑人民众的心理创伤时刻。另一个例子是，加拿大作家联盟有位编辑被迫辞职，因为他有文辩护说，白人作者有权创作少数族裔或土著背景的人物。这两个案例中，被批评的人都是自由主义者，而且他们尽可能满怀同情地理解少数背景人群的体验和痛苦。

    Hannah Black批评Dana Schutz的信全文在此：https://i-d.vice.com/en_uk/article/d3p84a/black-artists-urge-the-whitney-biennial-to-remove-painting-of-murdered-black-teenager-emmett-till.

    也可参阅Kenan Malik, "In Defense of Cultural Appropriation," New York Times, June 14 2017; Lionel Shriver, "Lionel Shriver's Full Speech: 'I Hope the Concept of Cultural Appropriation Is a Passing Fad,'") *Guardian*, September 13, 2016.
16. Matthew Taylor, "White Europe': 60,000 Nationalists March on Poland's Independence Day," *Guardian*, November 12, 2017; Anne Applebaum, "Why Neo–Fascists Are Making a Shocking Surge in Poland," *Washington Post*, November 13, 2017.

第十二章　我们人民

1. 参阅 Michela Wrong, *It's Our Turn to Eat: The Story of a Kenyan Whistle-Blower* (New York: HarperPerennial, 2010). 也可参阅 Francis Fukuyama, *Political Order and Political Decay*, 330–32.
2. Rogers M. Smith, *Political Peoplehood: The Roles of Values, Interests, and Identities* (Chicago: University of Chicago Press, 2015).
3. 要深入了解一战前维也纳的丰富及其坍塌的悲剧，可参阅 Stefan Zweig, *The World of Yesterday* (Lincoln: University of Nebraska Press, 2013).
4. 特朗普拥抱普京以后，数量多得令人吃惊的共和党人形成了支持俄罗斯的观点，其中小部分认为他们可以更信任普京，而不是同为美国人的美国自由主义者。共和党全国委员会成员、来自亚拉巴马州的 Paul Reynolds 说过这样的话："如果必须选择是把我的福利交到普京手上，还是交给《华盛顿邮报》，我会选普京。" James Hohmann, "The Daily 202: As Roy Moore Declines to Step Aside, a Tale of Two Republican Parties Emerges," *Washington Post*, November 10, 2017; Zack Beauchamp, "Roy Moore Admires Vladimir Putin's Morality," *Vox*, December 8, 2017.
5. 发展迅速的东亚国家有腐败问题，但程度普遍低于别处。在日本、韩国、新加坡、中国等国，精英聚焦国家发展，使"发展型国家"成为可能。有人说非洲也有这样的国家，如卢旺达、埃塞俄比亚，还有皮诺切特军政府统治下的智利，但这些国家是特例，不是常例。参阅 Stephan Haggard, *Developmental States* (New York: Cambridge University Press, 2018).
6. 参阅 Francis Fukuyama, *Trust: The Social Virtues and the Creation of Prosperity* (New York: Free Press, 1995).
7. 同上；Robert D. Putnam, *Bowling Alone: The Collapse and Revival of American Community* (New York: Simon and Schuster, 2000).
8. 这种说法出自 Craig J. Calhoun, "Social Solidarity as a Problem for Cosmopolitan Democracy," *Identities, Affiliations, and Allegiances* ed. Seyla Benhabib, Ian Shapiro, and Danilo Petranovic, (Cambridge: Cambridge University Press, 2007).
9. 民族身份是自由民主国家的必要条件之一的一个经典论据出自 Dankwart A. Rustow, "Transitions to Democracy: Toward a Dynamic Model," *Comparative Politics* 2 (1970): 337–63.
10. Zoltan L. Hajnal and Marisa Abrajano, *White Backlash: Immigration, Race, and American Politic* (Princeton, NJ: Princeton University Press, 2016).
11. Pierre Manent, "Democracy Without Nations?," *Journal of Democracy* 8 (1997): 92–102. 也可参阅 Francis Fukuyama, *Political Order and Political Decay*, 185–97.
12. 关于《人权宣言》的源起，参阅 Mary Ann Glendon, *A World Made New: Eleanor Roosevelt and the Universal Declaration of Human Rights* (New York: Random House, 2001).
13. Martha C. Nussbaum, *For Love of Country: Debating the Limits of Patriotism* (Boston: Beacon Press, 1996); Craig J. Calhoun, "Imagining Solidarity:

Cosmopolitanism, Constitutional Patriotism, and the Public Sphere," *Public Culture* 13 (1) (2002): 147–71; Samuel Scheffler, *Boundaries and Allegiances: Problems of Justice and Responsibility in Liberal Thought* (Oxford: Oxford University Press, 2000).

14. 参阅 Stewart Patrick, *Sovereignty Wars: Reconciling America with the World* (Washington, DC: Brookings Institution Press, 2017); Stephen D. Krasner, *Sovereignty: Organized Hypocris* (Princeton, NJ: Princeton University Press, 1999).

第十三章　人民的故事

1. 相关论述出自 Sunil Khilnani, *The Idea of India* (New York: Farrar, Straus and Giroux, 1998).
2. 这个故事出自 Francis Fukuyama, *Political Order and Political Decay*, 322–34.
3. 这一部分基于我的 Latsis Lecture "European Identity Challenges".
4. 这一观点的理论概述见 Jürgen Habermas；也可参阅 Jürgen Habermas, *The Postnational Constellation: Political Essays* (Cambridge, MA: MIT Press, 2001); "Citizenship and National Identity: Some Reflections on the Future of Europe," *Praxis International* 12 (1) (1993): 1–19. 可参阅 Ghia Nodia, "The End of the Postnational Illusion," *Journal of Democracy* 28 (2017): 5–19.
5. 关于欧盟的民族身份，可参阅 Kathleen R. McNamara, *The Politics of Everyday Europe: Constructing Authority in the European Union* (Oxford: Oxford University Press, 2015).
6. T. Alexander Aleinikoff and Douglas B. Klusmeyer, eds., *From Migrants to Citizens: Membership in a Changing World* (Washington, DC: Carnegie Endowment for International Peace, 2000), 1–21; Gerhard Casper, "The Concept of National Citizenship in the Contemporary World: Identity or Volition?," (Hamburg, Germany: Bucerius Law School, 2008).
7. Aleinikoff and Klusmeyer, *From Migrants to Citizens*, 32–118.
8. Rogers Brubaker, *Citizenship and Nationhood in France and Germany*, (Cambridge, MA: Harvard University Press1992).
9. Marc Morje Howard, *The Politics of Citizenship in Europe* (New York: Cambridge University Press, 2009), 119–34; Nergis Canefe, "Citizens v. Permanent Guests: Cultural Memory and Citizenship Laws in a Reunified Germany," *Citizenship Studies* 2 (3) (1998): 519–44.
10. Chikako Kashiwazaki, "Citizenship in Japan: Legal Practice and Contemporary Development," in Aleinikoff and Klusmeyer, *From Migrants to Citizens*.
11. Sara W. Goodman, "Fortifying Citizenship: Policy Strategies for Civic Integration in Western Europe," *World Politics* 64 (4) (2012): 659–98; Robert Leiken, *Europe's Angry Muslims: The Revolt of the Second Generation*, repr. ed. (Oxford: Oxford

University Press, 2015). 结合近期法国恐袭事件来看，他的一些结论有些过时。

12. "Discussion Guide for the Naturalization Authorities-Status 01.09.2005," (Gesprächsleitfaden für die Einbürgerungsbehörden – Stand 01.09.2005) *Country Commissioner for Data Protection Baden-Württemberg*. September 1, 2005: https://www.baden-wuerttemberg.datenschutz.de/gesprachsleitfaden-fur-die-einburgerungsbehorden-stand-01-09-2005/. 也可参阅 Simon McMahon, *Developments in the Theory and Practice of Citizenship* (Newcastle upon Tyne, U.K.: Cambridge Scholars, 2012), 29ff.

13. 关于法国穆斯林面临的偏见的经验证据，参阅 David Laitin, Claire L. Adida, Marie-Anne Valfort, *Why Muslim Integration Fails in Christian-Heritage Societies* (Cambridge, MA: Harvard University Press, 2016).

14. 关于 UKIP 的历史，参阅 Robert Ford and Matthew Goodwin, *Revolt on the Right: Explaining Support for the Radical Right in Britain* (London: Routledge, 2014).

15. Alan G. R. Smith, *The Emergence of a Nation-State: The Commonwealth of England, 1529–1660* (London: Longman, 1984), 89.

16. 2017 年 8 月 12 日推文。

17. 引自 Smith, *Political Peoplehood* 150, 152.

18. 同上。Paine 引自 Gerhard Casper, "Forswearing Allegiance," *Jahrbuch des ofentlichen Rechts der Gegenwart*, ed. Peter Haberle (Tübingen, Germany: Mohr Siebeck, 2013), 703.

19. 参阅 Ramon Lopez, "Answering the Alt-Right," *National Affairs* 33 (2017): https://www.nationalaffairs.com/publications/detail/answering-the-alt-right.

20. William A. Galston, *Anti-Pluralism: The Populist Threat to Liberal Democracy* (New Haven, CT: Yale University Press, 2018) 39.

21. Samuel P. Huntington, *Who Are We? The Challenges to America's National Identity* (New York: Simon and Schuster, 2004), 59.

22. 参阅 Carlos Lozada, "Samuel Huntington, a Prophet for the Trump Era," *Washington Post*, July 18, 2017.

23. 据经合组织统计，美国人平均每周工作 34.29 小时，欧盟人 33.23 小时，韩国人 39.79 小时。但这些平均数不包括兼职劳动者，后者在美国按比例计算人数更多。美国全职劳动者平均每周工作 47 小时。见经合组织（2018）工作小时数（数据），DOI：10.1787/47be1c78-en（2018 年 2 月 14 日浏览）。

第十四章　该做什么？

1. 美国公民宣誓誓词见 https://www.uscis.gov/us-citizenship/naturalization-test/naturalization-oath-allegiance-united-states-america. 要了解入籍誓词的详细历史，参阅 Casper "Forswearing Allegiance," Haberle, Jahrbuch. 也可参阅 T. Alexander Aleinikoff, "Between Principles and Politics: US Citizenship Policy," Aleinikoff and Klusmeyer, *From Migrants to Citizens*.

注释

2. 与入籍誓词所言相反，美国最终也允许双重国籍。这不是议会审议的结果，而是政治应急需要驱使造成的司法和行政决定。参阅 Casper, "Concept of National Citizenship".

3. Bassam Tibi, "Why Can't They Be Democratic?" Journal of Democracy 19 (3) (2008): 43–48.

4. 类似情况在别的多元文化社会也有发生，影响有时在语言里体现。《1707 年联合法案》(Acts of Union in 1707) 把苏格兰并入联合王国，英格兰人从此不再自称英国人（English），而是不列颠人（British），这个身份包含威尔士、苏格兰、爱尔兰（当时）的人。俄语里的形容词 russkiy 指的是俄罗斯族裔，另一个形容词 rossiyskiy 指的是俄罗斯联邦的公民，可以是车臣穆斯林或达吉斯坦人。

5. "Muslim Identities and the School System in France and Britain: The Impact of the Political and Institutional Configurations on Islam-Related Education Policies," 2007 年 9 月在 Pisa 举行的 ECPR General Conference 上的论文；Jenny Berglund, Publicly Funded Islamic Education in Europe and the United States (Washington, DC: Brookings Institution, 2015); Marie Parker-Johnson, "Equal Access to State Funding: The Case of Muslim Schools in Britain," Race, Ethnicity and Education 5 (2010): 273–89.

6. 即便在法国也有例外；法国政府为阿尔萨斯的宗教学校提供支持，这是那个争议地区复杂的历史遗产之一。

7. 尽管有证据表明 227 号建议促进了移民子女的英语学习，它还是在 2016 年被 58 号建议取代。参阅 Edward Sifuentes, "Proposition 227: 10 Years Later," San Diego Union-Tribune, November 8, 2018.

8. Daniel Jacobson, Rights Across Borders: Immigration and the Decline of Citizenship (Baltimore, MD: Johns Hopkins University Press, 1996), 8–11.

9. 外国人进入某国领土那一刻，情况就变了。在美国和其他自由民主国家，国内法给非公民以权利，包括无证件者。这构成强大的刺激，让移民用尽一切办法，不论合法非法，一定要抵达某个国家的领土。这也刺激那些希望控制边界的国家去阻止移民那么做，通过建造物理围墙、实施海上拦截，或者把移民导向本国法不适用的离岸管辖区。参阅 Casper, "Forswearing Allegiance" in Herberle, Jahrbuch; Moria Paz, "The Law of Walls," European Journal of International Law 28 (2) (2017): 601–24.

10. 这是布鲁金斯-杜克移民政策圆桌会议（Brookings–Duke Immigration Policy Roundtable）提出的移民全民改革一揽子建议。Breaking the Immigration Stalemate: From Deep Disagreements to Constructive Proposals, October 6, 2009.

11. 否决制指的是美国的制约与平衡制度使得组织良好的少数可以否决多数支持的决定。见 Francis Fukuyama, Political Order and Political Decay, 488–505.

12. 参阅 Juan Pablo Cardenal et al. Sharp Power: Rising Authoritarian Influence (Washington, DC: National Endowment for Democracy, December 2017).

13. Neal Stephenson, Snow Crash (New York: Bantam Books, 1992).

参考文献

Abrajano, Marisa, and Zoltan L. Hajnal. *White Backlash: Immigration, Race, and American Politics*. Princeton, NJ: Princeton University Press, 2016.

Aleinikoff, T. Alexander, and Douglas B. Klusmeyer, eds. *From Migrants to Citizens: Membership in a Changing World*. Washington, DC: Carnegie Endowment for International Peace, 2000.

Barrett, Richard. *Foreign Fighters in Syria*. New York: Soufan Group, 2014.

Beauvoir, Simone de. *The Second Sex*. New York: Alfred A. Knopf, 1953.

Benhabib, Seyla, Ian Shapiro, and Danilo Petranovic, eds. *Identities, Affiliations, and Allegiances*. Cambridge: Cambridge University Press, 2007.

Berglund, Jenny. *Publicly Funded Islamic Education in Europe and the United States*. Washington, DC: Brookings Institution, 2015.

Berman, Sheri. "The Lost Left." *Journal of Democracy* 27 (4) (2016): 69–76.

Bock-Côté, Mathieu. *Le multiculturalisme comme religion politique.* Paris: Les Éditions du Cerf, 2016.

Brubaker, Rogers. *Citizenship and Nationhood in France and Germany.* Cambridge, MA: Harvard University Press, 1992.

Canefe, Nergis. "Citizens v. Permanent Guests: Cultural Memory and Citizenship Laws in a Reunified Germany." *Citizenship Studies* 2 (3) (1998): 519–44.

Casper, Gerhard. "The Concept of National Citizenship in the Contemporary World: Identity or Volition?" Hamburg, Germany: Bucerius Law School, 2008.

——. "Forswearing Allegiance." In *Jahrbuch des* öffentlichen *Rechts der Gegenwart*, edited by Peter Häberle. Tübingen, Germany: Mohr Siebeck, 2013.

Coates, Ta-Nehisi. *Between the World and Me.* New York: Spiegel and Grau, 2015.

Cramer, Katherine J. *The Politics of Resentment: Rural Consciousness and the Rise of Scott Walker.* Chicago: University of Chicago Press, 2016.

Crenshaw, Kimberlé Williams. "Mapping the Margins: Intersectionality, Identity Politics, and Violence Against Women of Color." *Stanford Law Review* 43:1241–99 (July 1991).

DeWaay, Bob. *Redefining Christianity: Understanding the Purpose Driven Movement.* Springfield, MO: 21st Century Press, 2006.

Ford, Robert, and Matthew Goodwin. *Revolt on the Right: Explaining Support for the Radical Right in Britain.* London: Routledge, 2014.

Fukuyama, Francis. "The End of History?" *National Interest* 16 (1989): 3–18.

——. *The End of History and the Last Man.* New York: Free Press, 1992.

——. *The Origins of Political Order: From Prehuman Times to the*

French Revolution. New York: Farrar, Straus and Giroux, 2011.
——. "The Populist Surge." *American Interest* 13 (2018): 16–18.
——. *Our Posthuman Future: Consequences of the Biotechnology Revolution*. New York: Farrar, Straus and Giroux, 2001.
——. *Political Order and Political Decay: From the Industrial Revolution to the Globalization of Democracy*. New York: Farrar, Straus and Giroux, 2014.
——. *Trust: The Social Virtues and the Creation of Prosperity*. New York: Free Press, 1995.
Fuller, Robert W. *Dignity for All: How to Create a World Without Rankism*. Oakland, CA: Berrett-Koehler Publishers, 2008.
——. *Somebodies and Nobodies: Overcoming the Abuse of Rank*. Gabriola Island, British Columbia: New Society Publishers, 2003.
Furedi, Frank. "The Therapeutic University." *American Interest* 13 (1) (2017): 55–62.
——. *Therapy Culture: Cultivating Vulnerability in an Uncertain Age*. London: Routledge, 2004.
Galston, William A. *Anti- Pluralism: The Populist Threat to Liberal Democracy*. New Haven, CT: Yale University Press, 2018.
Gellner, Ernest. *Nations and Nationalism*. Ithaca, NY: Cornell University Press, 1983.
Glensy, Rex. "The Right to Dignity." *Columbia Human Rights Law Review* 43 (65) (2011): 65–142.
Goodman, Sara W. "Fortifying Citizenship: Policy Strategies for Civic Integration in Western Europe." *World Politics* 64 (4) (2012): 659–98.
Habermas, Jürgen. "Citizenship and National Identity: Some Reflections on the Future of Europe." *Praxis International* 12 (1) (1993): 1–19.
——. *The Postnational Constellation: Political Essays*. Cambridge,

MA: MIT Press, 2001.

Haggard, Stephan. *Developmental States*. New York: Cambridge University Press, 2018.

Herder, Johann Gottfried von. *J. G. Herder on Social and Political Culture*. Cambridge: Cambridge University Press, 1969.

——. *Reflections on the Philosophy of the History of Mankind*. Chicago: University of Chicago Press, 1968.

Hochschild, Arlie Russell. *Strangers in Their Own Land: Anger and Mourning on the American Right*. New York: New Press, 2016.

Horowitz, Donald. *Ethnic Groups in Conflict*. Berkeley: University of California Press, 1985.

Howard, Marc Morje. *The Politics of Citizenship in Europe*. New York: Cambridge University Press, 2009.

Huntington, Samuel P. *Who Are We? The Challenges to America's National Identity*. New York: Simon and Schuster, 2004.

Jacobson, David. *Rights Across Borders: Immigration and the Decline of Citizenship*. Baltimore and London: Johns Hopkins University Press, 1996.

Kepel, Gilles. *Terror in France: The Rise of Jihad in the West*. Princeten, NJ: Princeton University Press, 2017.

Laitin, David, Claire L. Adida, and Marie-Anne Valfort. *Why Muslim Integration Fails in Christian-Heritage Societies*. Cambridge, MA: Harvard University Press, 2016.

Leiken, Robert. *Europe's Angry Muslims: The Revolt of the Second Generation*. Repr. ed. Oxford: Oxford University Press, 2015.

Lilla, Mark. *The Once and Future Liberal: After Identity Politics*. New York: HarperCollins, 2017.

Lindenberger, Herbert. *The History in Literature: On Value, Genre, Institutions*. New York: Columbia University Press, 1990.

Lochocki, Theo. "Germany's Left Is Committing Suicide by Identity

Politics." *Foreign Policy*, January 23, 2018.

Lopez, Ramon. "Answering the Alt-Right." *National Affairs* 33 (2017).

Luther, Martin. *Christian Liberty*. Rev. ed. Edited by Harold J. Grimm. Philadelphia: Fortress Press, 1957.

Mann, Thomas E., and Norman J. Ornstein. *It's Even Worse Than It Looks: How the American Constitutional System Collided with the New Politics of Extremism*. New York: Basic Books, 2012.

McMahon, Simon. *Developments in the Theory and Practice of Citizenship*. Newcastle upon Tyne, U.K.: Cambridge Scholars, 2012.

McNamara, Kathleen R. *The Politics of Everyday Europe: Constructing Authority in the European Union*. Oxford: Oxford University Press, 2015.

Milanovic, Branko. *Global Inequality: A New Approach for the Age of Globalization*. Cambridge, MA: Belknap Press, 2016.

Moyn, Samuel. "The Secret History of Constitutional Dignity." *Yale Human Rights and Development Journal* 17 (2) (2014): 39–73.

Murray, Charles. *Coming Apart: The State of White America, 1960–2010*. New York: Crown Forum, 2010.

Nodia, Ghia. "The End of the Postnational Illusion." *Journal of Democracy* 28 (2017): 5–19.

Nussbaum, Martha C. *For Love of Country: Debating the Limits of Patriotism*. Boston: Beacon Press, 1996.

Parker-Johnson, Marie. "Equal Access to State Funding: The Case of Muslim Schools in Britain." *Race, Ethnicity, and Education* 5 (2002): 273–89.

Paz, Moria. "The Law of Walls." *European Journal of International Law* 28 (2) (2017): 601–24.

Piketty, Thomas. *Capital in the Twenty-First Century*. Cambridge, MA: Belknap Press, 2014.

Polakow-Suransky, Sasha. *Go Back to Where You Came From: The Backlash Against Immigration and the Fate of Western Democracy.* New York: Nation Books, 2017.

Polsky, Andrew J. *The Rise of the Therapeutic State.* Princeton, NJ: Princeton University Press, 1991.

Putnam, Robert D. *Bowling Alone: The Collapse and Revival of American Community.* New York: Simon and Schuster, 2000.

——. *Our Kids: The American Dream in Crisis.* New York: Simon and Schuster, 2015.

Rieff, Philip. *The Triumph of the Therapeutic: Uses of Faith After Freud.* Chicago: University of Chicago Press, 1966.

Roy, Olivier. "EuroIslam: The Jihad Within?" *National Interest* 71 (2003): 63–74.

——. "France's Oedipal Islamist Complex." *Foreign Policy*, January 7, 2016.

——. "Who Are the New Jihadis?" *Guardian*, April 13, 2017.

Rustow, Dankwart A. "Transitions to Democracy: Toward a Dynamic Model." *Comparative Politics* 2 (1970): 337–63.

Scheffler, Samuel. *Boundaries and Allegiances: Problems of Justice and Responsibility in Liberal Thought.* Oxford: Oxford University Press, 2000.

Schuller, Robert H. *Self-Esteem: The New Reformation.* Waco, TX: Waco Books, 1982.

——. *Success Is Never Ending, Failure Is Never Final: How to Achieve Lasting Success Even in the Most Difficult Times.* New York: Bantam Books, 1990.

Smith, Alan G. R. *The Emergence of a Nation-State: The Commonwealth of England, 1529–1660.* London: Longman, 1984.

Smith, Rogers M. *Political Peoplehood: The Roles of Values, Interests, and Identities.* Chicago: University of Chicago Press, 2015.

Smith, Rogers M., and Sigal R. Ben-Porath, eds. *Varieties of Sovereignty and Citizenship*. Philadelphia: University of Pennsylvania Press, 2012.

Stern, Fritz. *The Politics of Cultural Despair: A Study in the Rise of German Ideology*. Berkeley: University of California Press, 1974.

Taylor, Charles. *The Ethics of Authenticity*. Cambridge, MA: Harvard University Press, 1992.

——. *Multiculturalism: Examining the Politics of Recognition*. Princeton, NJ: Princeton University Press, 1994.

——. *Sources of the Self: The Making of the Modern Identity*. Cambridge, MA: Harvard University Press, 1989.

Tibi, Bassam. "Why Can't They Be Democratic?" *Journal of Democracy* 19 (3) (2008): 43–48.

Trilling, Lionel. *Sincerity and Authenticity*. Cambridge, MA: Harvard University Press, 1972.

Warren, Rick. *The Purpose Driven Life: What on Earth Am I Here For?* Grand Rapids, MI: Zondervan, 2012.

Wright, Katie. *The Rise of the Therapeutic Society: Psychological Knowledge and the Contradictions of Cultural Change*. Washington, DC: New Academia Publishing, 2010.

Wrong, Michela. *It's Our Turn to Eat: The Story of a Kenyan Whistle-Blower*. New York: HarperPerennial, 2010.

Zaretsky, Robert. "Radicalized Islam, or Islamicized Radicalism?" *Chronicle of Higher Education* 62 (37) (2016).

Zweig, Stefan. *The World of Yesterday*. Lincoln: University of Nebraska Press, 2013.

索 引

A

阿布·贝克尔·巴格达迪（Abu Bakr al-Baghdadi）70
阿道夫·希特勒（Adolf Hitler）xiv, 72, 137
 种族清洗（ethnic cleansing by）49, 118
 思想谱系（intellectual lineage of）60–61, 65–67
 自我实现（self-actualization of）98
阿道司·赫胥黎（Aldous Huxley）181
阿尔及利亚（Algeria）67
阿尔萨斯（Alsace）137, 197n6
阿富汗（Afghanistan）xi, 5, 125, 127
阿根廷（Argentina）76, 141
阿拉伯之春"（Arab Spring）42–44, 49, 57–58, 75
 随后的内战（civil wars following）5, 43, 124–25, 128
阿拉维派（Alawites）125
阿莉·霍克希尔德（Arlie Hochschild）88–89
阿莫斯·特沃斯基（Amos Tversky）14
阿瑟·莫勒·范登布鲁克（Arthur Moeller van den Bruck）66
埃及（Egypt）43, 57–58, 68–69, 180
埃里克·埃里克森（Erik Erikson）9
埃里克·加纳（Eric Garner）108
埃马纽埃尔·马克龙（Emmanuel Macron）172
埃米特·蒂尔（Emmett Till）192n15
埃塞俄比亚（Ethiopia）193n5
艾伦·史密斯（Alan Smith）152–53
艾梅·塞泽尔（Aimé Césaire）67
爱尔兰（Ireland）132n, 141, 196n4
 宪法（constitution of）51, 52
 来自爱尔兰的移民（emigrants from）155
安倍晋三（Shinzō Abe）75

安东尼·肯尼迪（Anthony Kennedy）55, 101
奥地利（Austria）6, 150
奥古斯丁（圣）（Augustine [Saint]）28n
奥古斯托·皮诺切特（Augusto Pinochet）193n5
奥利维尔·罗伊（Olivier Roy）70–72
奥匈帝国（Austro-Hungarian Empire）66–67, 128
澳大利亚（Australia）140, 149

B
巴尔干（Balkans）140
巴基斯坦，移民来自（Pakistan, emigrants from）145
巴拉克·H. 奥巴马（Barack H. Obama）7, 176, 178
巴勒斯坦人（Palestinians）148
巴林（Bahrain）43
巴萨姆·提比（Bassam Tibi）169
巴沙尔·阿萨德（Bashar al-Assad）43, 70, 124–25
巴西（Brazil）76
白人民族主义（white nationalism）xv, 119–22, 170
柏拉图（Plato）15–18, 20, 21
保罗·德·拉加德（Paul de Lagarde）65–66, 70, 137
保罗·雷诺兹（Paul Reynolds）193n4
保守党（英国）（Conservative Party [British]）152
北朝鲜（North Korea）76
北美自由贸易协定（NAFTA）3
比尔·金（Bill King）102–103

比利时（Belgium）143, 147
彼得罗·波罗申科（Petro Poroshenko）45
俾斯麦（Bismarck）67
边缘化群体（marginalized groups）：
　选择同化或分离主义（choice of assimilation or separatism for）107–108, 146
　进行中的暴力（ongoing violence against）122
　采取的身份政治（identity politics adopted by）6, 22, 90, 103–123
表现型个人主义（expressive individualism）55
发展（development of）50–58
冰岛（Iceland）132n
波兰（Poland）xi, 5, 75
　民族主义（nationalism in）74, 120, 121
伯尼·桑德斯（Bernie Sanders）76
布兰科·米拉诺维奇（Branko Milanović）77
布鲁斯·斯特林（Bruce Sterling）181
部长理事会（欧盟）（Council of Ministers [EU]）144

C
茶党（Tea Party）79, 88, 117
查尔斯·默里（Charles Murray）87
查尔斯·泰勒（Charles Taylor）29, 33, 53, 163
《查理周刊》（*Charlie Hebdo*）147
《忏悔录》（奥古斯丁）（*Confessions* [Augustine]）28n

《成事在人》(影片)(Invictus) 142
《诚与真》(特里林)(Sincerity and Authenticity [Trilling]) 54
承认(尊严)(recognition [of dignity]) 6–11, 17–24
　女性主义的核心(at core of feminism) 82
　作为人类历史的驱动(as driver of human history) 39–40
　作为革命的目标(as goal of revolutions) 42–49, 163
　个人 vs. 集体(individual vs. group) 50, 56–57, 59
　阿拉伯世界缺少承认(lacking in Arab world) 42–44
　早期人类缺少承认(lacking in early humans) 32, 33
　路德的尊严概念缺少承认(lacking in Luther's concept of identity) 29
　乌克兰缺少承认(lacking in Ukraine) 44–46
　被经济动机掩盖(masked as economic motivation) xv, 11, 81–90
　在现代自由民主国家(in modern liberal democracy) 46–49, 91–104
　自尊与(self-esteem and) 91–104
　作为不快乐之源(as source of unhappiness) 30
　在殖民主义(under colonialism) 67
　普遍的(universal) xvi, 37, 40–41

渴求(desire for) xiii–xvi, 10–11, 18, 21, 23, 34
　另见"尊严"
城市化(urbanization):
　创建的民族主义(nationalism created by) 63–65, 66
　创造的伊斯兰主义(Islamism created by) 67
　另见"现代化"
橙色革命(Orange Revolution) 45–46, 180
《纯粹理性批判》(康德)(Critique of Pure Reason [Kant]) 39
从众、一致(conformity) 56
　拒绝(rejection of) 10, 53
　社会的要求(society's demand for) 33, 35

D
达娜·舒茨(Dana Schutz) 192n15
大萧条(Great Recession) 5, 14, 78–79
大学校园(university campuses) xv, 8, 102–103, 114, 115
戴维·杜克(David Duke) 120
戴维·施特劳斯(David Strauss) 54
丹麦(Denmark) 149, 151
丹麦人民党(Danish People's Party) 149
丹尼尔·卡尼曼(Daniel Kahneman) 14
《道德情操论》(斯密)(The Theory of Moral Sentiments [Smith]) 82–83
《道德的形而上学基础》(康德)(Groundwork to a Metaphysics of Morals [Kant]) 39

道德选择（moral choice）38–41, 47, 51, 92–93
 关于价值（of values）54–56
 黑格尔论（Hegel on）39
 基督徒的（Christian）38, 92–93
 康德论（Kant on）39, 51
德国（Germany）136, 137, 151
 法国与（France and）61, 143
 公民身份要求（citizenship requirements of）150
 阶级（class in）83, 84
 来自德国的移民（emigrants from）155
 民族身份（national identity in）144, 169
 民族主义（nationalism in）6, 61, 63–67, 72, 131
 穆斯林（Muslims in）116, 120, 147, 169
 社会民主党人（Social Democrats in）76, 116
 社会运动（social movements in）106
 统一（unification of）141
 西部（West）143
 希腊与（Greece and）145
 宪法（constitution of）51, 52
德国选择党（Alternative for Germany）6
《德意志文集》（拉加德）（*German Writings* [Lagarde]）65
狄德罗（Diderot）54
《第二性》（波伏娃）（*Second Sex, The* [de Beauvoir]）109–10

东欧（Eastern Europe）151–52
 民主被当成理所当然（democracy taken for granted in）164
 移民来自（emigration from）146, 150, 155
 经济不平等（economic inequality）47, 76–78, 78, 80–90, 179, 189n3
 左翼衰落，尽管（decline of left, despite）76, 79–80, 89–90, 112–14, 115–16
 全球化与（globalization and）4
 缓和（mitigation of）130, 178
 在美国（in U.S.）7
东亚（East Asia）77, 126, 129, 193n5
毒品泛滥（drug epidemics）87, 116
《独立宣言》（Declaration of Independence）23, 53, 94, 156–57
《杜恩斯伯里》（*Doonesbury*）96
多样性（diversity）111, 126–28, 159
 反弹（backlash against）165
 民族身份与（national identity and）133, 136, 141, 143, 171
 另见"移民"
多元文化主义（multiculturalism）111, 136, 147
 另见"多样性移民"

E
2008年金融危机（financial crises of 2008）5, 14, 78–79
E. O. 威尔逊（E. O. Wilson）118
俄罗斯（Russia）xi, 5, 112, 196n4
 美国的支持（U.S. support for）193n4

索引

民族主义（nationalism in）xi, 7, 74
适用的社交媒体（social media used by）180
乌克兰与（Ukraine and）45, 46, 141
支持叙利亚（Syria supported by）125
恩斯特·特勒尔奇（Ernst Troeltsch）66

F
法国（France）136, 172
 1968年五月风景（May 1968 in）105–106, 113
 被避免的民族主义（nationalism avoided by）72
 德国与（Germany and）61, 143, 172
 民族身份（national identity in）128, 136, 137, 149–50, 172
 民族主义（nationalism in）6, 75, 116, 131, 149
 穆斯林（Muslims in）114, 147–48
 社会党（Socialist Party in）76
 英国与（Britain and）152
 语言（languages in）61, 141
 殖民地（colonies of）67, 125
 宗教（religion in）172, 197n6
法国大革命（French Revolution）42
 被中产阶级引发的（as triggered by middle class）85
 既作为民族主义的也作为普世主义的（as both nationalist and universalist）57

普世的自我与（universal selfhood and）34–35, 40, 163
之后的身份政治（identity politics after）50
法律与正义党（波兰）（Law and Justice Party [Poland]）121
法西斯主义（fascism）121
 另见"民族主义"
法治（rule of law）47–48, 100
 美国身份与（American identity and）158, 171
《反思人类历史哲学》（赫尔德）(Reflections on the Philosophy of the History of Mankind [Herder]) 60
反乌托邦小说（dystopian fiction）181–82
反犹主义（anti-Semitism）49, 66, 118, 148
非裔美国人（African-Americans）87, 132
 白人民族主义（white nationalism）
 警察暴力（police violence）
 民权运动（civil rights movement）
非营利行业（nonprofit sector）96, 102
非洲人国民大会（African National Congress）142
菲达·哈姆迪（Faida Hamdi）42
菲利普·里夫（Philip Rieff）96–97, 99
菲律宾（Philippines）xi, 75
斐迪南·滕尼斯（Ferdinand Tönnies）64–65
费德里科·费拉拉（Federico Ferrara）86
分裂主义运动（separatist movements）

197

129, 137, 141, 147–48
佛教，政治化的（Buddhism, politicized）75
否决政治（vetocracy）x, 177, 197n11
弗吉尼亚·萨特尔（Virginia Satir）190n1
弗拉基米尔·普京（Vladimir Putin）xi, 74
 密谋的政治分裂（political division instigated by）129, 180
 特朗普与（Trump and）9, 193n4
 乌克兰与（Ukraine and）45, 46
 利用的怨恨（resentment used by）7, 9, 32
弗朗茨·卡夫卡（Franz Kafka）54
弗里茨·斯特恩（Fritz Stern）65
伏尔泰（Voltaire）54
福利（welfare）101, 112, 130, 175, 179
 骄傲与（pride and）84
 在欧盟（in EU）90, 130, 145, 148–49
腐败（corruption）129, 193n5
复兴党（突尼斯）（Ennahda [Tunisia]）69

G

甘地（Gandhi）141
歌德（Goethe）54
革命（revolutions）57, 61, 85
 法国大革命（French）34–35, 40
 内在自我与（inner self and）32–33
 社交媒体（social media in）180
 在阿拉伯世界（in Arab world）

42–47, 180
 在乌克兰（in Ukraine）44–46
 尊严作为目标的（dignity as object of）42–49, 163
个人主义（individualism）12–13, 34, 91–92
 发展（development of）50–58
工党（以色列）（Labor Party [Israel]）75
工业化，由此激发的民族主义（industrialization, nationalism spurred by）62–65
工作伦理（work ethics）84, 161, 196n23
公民权利运动（civil rights movement）48, 49, 84, 105, 106, 111, 157
 目标（goals of）107–108
公民身份（citizenship）142, 148–50, 157, 167–69, 196n2
 另见"移民"
共产主义（Communism）：
 崩溃（collapse of）xi, 44, 76, 106, 112–13
 生产力（productivity under）14
 异化与（alienation and）70
 之后的僵化政治（frozen political development after）151
共和党（Republican Party）79, 117, 132, 154, 193n4
 另见"特朗普"
共享的价值（shared values），见"民族身份"
古巴（Cuba）76
古斯塔夫·马勒（Gustav Mahler）128
关税与贸易总协定（General Agreement on Tariffs and Trade）3

索引

《国富论》（斯密）（*The Wealth of Nations* [Smith]）36
国际货币基金组织（International Monetary Fund [IMF]）78, 145
国家，角色（state, role of）100
国民阵线（法国）（National Front [France]）6, 116, 131, 149

H
哈布斯堡王朝（Habsburg Empire）63
哈菲兹·阿萨德（Hafiz al-Assad）125
韩国（Korea）196n23
　　从韩国来的移民（emigrants from）151, 161
　　民族身份（national identity of）126, 129, 136, 150, 193n5
　　前往韩国的移民（immigration to）132, 150
韩国（South Korea）129, 150, 193n5
荷兰（Netherlands）136, 143
　　极化（pillarization in）151, 171
　　民族主义（nationalism in）6, 75, 131, 149
　　穆斯林（Muslims in）146, 151
　　社会运动（social movements in）106
赫伯特·马尔库塞（Herbert Marcuse）97
赫克托·圣约翰·克雷弗克（Hector St. John Crèvecoeur）156
黑豹党（Black Panthers）107–108
黑格尔（Hegel）59
　　关于承认（on recognition）xv–xvi, 10, 49, 59

关于历史的终结（on end of history）xii, 40, 61
关于人性（on human nature）37, 39–41
"黑人的命也是命"（Black Lives Matter）8, 108, 115, 120, 180
黑人性（Négritude）67
后民族身份（postnational identities）137–38, 143–45, 169
　　缺乏（lack of）144, 152–53
后现代主义（postmodernism）114
胡斯尼·穆巴拉克（Hosni Mubarak）43, 57

J
"基地"组织（al-Qaeda）8, 146
基督教（Christianity）：
　　采取的治疗模式（therapeutic model adopted by）99–100
　　道德选择（moral choice in）38, 92
　　内在性（interiority in）26–29, 53
　　在叙利亚（in Syria）125
　　质疑（questioning of）54, 55, 92–93, 113–14, 120
　　自由（freedom in）50–51
　　作为宪法里的尊严的思想谱系（as lineage of dignity in constitutions）52
激进主义与异化（radicalism and alienation）70
激情（thymos）xiii, 17–24, 81, 92, 131
　　不完美翻译成"激情"（poorly translated as "spirit"）17
　　作为灵魂的第三部分（as third part

of soul）18

另见"承认"

吉尔·凯佩尔（Gilles Kepel）71

集体的身份（identities of collectivities）50, 56–58, 90

另见"身份政治""伊斯兰主义""民族主义"

"计划生育协会诉凯西案"（Planned Parenthood v. Casey）55

加利福尼亚州促进自尊任务力量（California Task Force to Promote Self-Esteem）93–96, 98, 190n1

加拿大（Canada）128, 149, 192n15

法语区（Francophones in）111, 137, 147–48

加泰罗尼亚（Catalonia）129, 137

骄傲（pride）18

对工作的骄傲（in work）84, 86

对身份的骄傲（in identity）61, 67, 69, 108

卢梭论骄傲（Rousseau on）30–34

民族的（national）129, 131

教会发展运动（Church Growth Movement）100

阶级（class）：

出现（emergence of）36

极端分裂（extreme divisions between），见"经济不平等"

在古典世界（in classical world）20–21

阻碍的联盟（coalitions impeded by）179

另见"精英穷人"

杰里米·科尔宾（Jeremy Corbyn）76

杰西·杰克逊（Jesse Jackson）102, 108

解构主义（deconstructionism）114

经济，非正规的（economies, informal）44

经济，市场的（economies, market），见"市场经济"

教育（education）：

帮助的民族身份（national identity aided by）63, 126, 142

经济不平等和（economic inequality and）77–78

阻碍的民族身份（national identity hindered by）171–73

经济动机，作为被掩盖的对承认的渴求（economic motivation, as masked demand for recognition）xv, 11, 81–90

经济理论（economic theory）11–15, 27–28, 81

《精神现象学》（黑格尔）（The Phenomenology of Spirit [Hegel]）39

精英（elites）77, 189n3

民族主义的（nationalist）9

驱动的女性主义（feminism driven by）81–82

全球化与（globalization and）4, 9

世界大同（cosmopolitanism of）120

希望得到的地位（status desired by）83, 84

寻求的经济发展（economic development sought by）129, 193n5

在古典世界（in classical world）20–21

索引

在美国（in U.S.）7
在泰国（in Thailand）86
在乌克兰（in Ukraine）45–46
中产阶级的怨恨（middle-class resentment of）88
警察暴力（police violence）8, 108, 115, 122, 166, 180

K

卡尔·马克思（Karl Marx）xii, 7, 14, 27, 113
凯瑟琳·克拉默（Katherine Cramer）88
凯瑟琳·麦金农（Catharine MacKinnon）109
《看不见的人》（埃利森）（Invisible Man [Ellison]）84
科幻（science fiction）181–82
克里斯蒂娜·基什内尔和内斯托尔·基什内尔（Cristina Kirchner and Nestor Kirchner）76
克里斯托弗·拉什（Christopher Lasch）98–99
客工（guest workers）145
肯尼亚（Kenya）67, 126, 128
跨性别运动（transgender movement）8, 105, 118
快乐（happiness）39, 84–85, 100
　　社会对快乐的损害（society's ruining of）30, 32, 61, 97–98, 165, 188n3(7)
魁北克（Quebec）111, 137, 147–48

L

拉丁美洲（Latin America）67, 76, 77, 129
拉尔夫·艾里森（Ralph Ellison）84
拉里·戴蒙德（Larry Diamond）xi, 5
《拉摩的侄儿》（狄德罗）（Rameau's Nephew [Diderot]）54
莱昂·达马斯（Léon Damas）67
莱昂·托洛茨基（Leon Trotsky）70
莱昂内尔·特里林（Lionel Trilling）54, 97
劳动阶级（working class）87, 112
　　被左翼排除（excluded from left）113, 115, 116, 119–20, 167
　　政治选择（political choices of）77–79, 85–90
雷杰普·塔伊普·埃尔多安（Recep Tayyip Erdoğan）xi, 74, 169
冷战（Cold War）62, 76, 146
黎巴嫩（Lebanon）124
李光耀（Lee Kuan Yew）49
里克·沃伦（Rick Warren）100
理查德·M. 尼克松（Richard M. Nixon）101
理念的重要性（primacy of ideas）27–28
《理想国》（柏拉图）（Republic [Plato]）15–18, 20, 21
《力量时刻》（舒勒）（Hour of Power [Schuller]）100
历史，按照黑格尔思想和马克思主义的定义（history, Hegelian-Marxist definition of）xii
《历史的终结与最后的人》（福山）（The End of History and the Last Man [Fukuyama]）xii–xv
利比亚（Libya）5, 43, 125, 128

利库德（以色列）（Likud [Israel]）75
利拉，马克·（Lilla, Mark）117
利益团体，受其限制的改革（interest groups, reform inhibited by）ix, x, 177, 197n11
联邦（Confederacy）108, 120, 132
《联邦党人文集》（Federalist Papers）52, 136, 154–55, 188n3(6)
列奥波尔德·桑戈尔（Léopold Senghor）67, 150
林肯（Lincoln）xiv, 156–57, 171
灵魂（soul）16, 18
　　另见 "承认" "自我" "内在" "激情"
灵长类的社会结构（social structures of primates）34, 85, 187n11
卢森堡（Luxembourg）143
卢旺达（Rwanda）193n5
路易斯·伊纳西奥·卢拉·达席尔瓦（Luiz Inácio Lula da Silva）76
《论人与人不平等的起因和基础》（卢梭）（Discourse on the Origins of Inequality [Rousseau]）30–32
罗伯特·弗兰克（Robert Frank）84
罗伯特·帕特南（Robert Putnam）87
罗伯特·舒勒（Robert Schuller）100, 190n10
罗伯特·舒曼（Robert Schuman）143
罗德里戈·杜特尔特（Rodrigo Duterte）xi
罗纳德·里根（Ronald Reagan）xii, 77, 101

M

马丁·路德（Luther, Martin）26–29, 38, 50, 59, 100
马丁·路德·金（Martin Luther King, Jr.）38, 107
马克斯·韦伯（Max Weber）27–28
玛格丽特·撒切尔（Margaret Thatcher）xii, 77
玛丽萨·阿布拉亚诺（Marisa Abrajano）132
麦克尔·布朗（Michael Brown）108
毛利人（Maori）140, 142
媒体（media）68, 181
　　不信任（mistrust of）9, 119–20, 193n4
美国（United States）153–62
　　盎格鲁新教根源（Anglo-Protestant roots of）154–55, 160–61
　　避免的民族主义（nationalism avoided by）72
　　边界（borders of）136, 176, 197n9
　　采取的治疗模式（therapeutic model adopted by）93–96, 98–104
　　多样性（diversity in）126–27, 136, 157–59, 171
　　非公民居民（noncitizen residents of）173, 176–77, 197n9
　　否决政治（vetocracy in）x, 177, 197n11
　　工业化（industrialization in）62
　　工作伦理（work ethic in）161, 196n23
　　公民身份（citizenship in）149, 157, 167–68, 196n2
　　进步主义叙事（progress narrative

for) 170–71
禁酒（Prohibition in）155
经济不平等（economic inequality in）7, 77–79 178–79
立国文献（founding documents of）xiv, 52–53, 91, 94, 105, 118, 133, 136, 149, 156–57, 168
民族身份（national identity of）128, 133, 136, 151, 153–62, 170–71
内战（Civil War in）156–57, 170
贫困（poverty in）83–84, 86n, 87
人类潜能运动（human potential movement in）93–96, 98, 190n1
社会运动（social movements in）105–111
同化（assimilation in）141, 161–62, 170–71, 173–77
伊斯兰主义的暴力（Islamist violence in）146, 147
移民到美国（immigration to）131, 132–33, 135, 153–54, 158, 161, 170–71, 173–77
拥抱的民族主义（nationalism embraced by）x, xi–xii, 74, 79, 87–90, 119–22, 132–33, 154, 159, 167, 170
语言（language in）155, 157, 173, 197n7 left in, 76, 79, 89–90, 112–13, 167, 178
怨恨（resentment of）70
政治极化（political polarization in）117, 160
支持叙利亚（Syria supported by）125
种族清洗（ethnic cleansing of）140–41
自恋（narcissism of）98–99
宗教保守主义（religious conservatism in）75
美国原住民权利运动（Native American rights movement）105, 118
《美丽新世界》（赫胥黎）（Brave New World [Huxley]）181
孟加拉国（Bangladesh）75
米哈伊尔·戈尔巴乔夫（Mikhail Gorbachev）112
"米兔"运动（#MeToo movement）19, 115
缅甸（Myanmar）xi, 75
民粹主义（populism）x–xi, xv, 7–9, 74–75, 119–22, 131–32
左翼（left-wing）76, 79
另见"民族主义，民粹的"
民主（现代自由）democracy (modern liberal) 46–48
被认为是理所当然（taken for granted）164
采取的治疗模式（therapeutic model adopted by）92–96, 100–102, 111
道德核心（moral core of）46–48
道德混乱（moral confusion in）54–56
第三次浪潮（third wave of）3
多元文化主义（multiculturalism in）112, 126–28, 133, 136, 158
改进政策（policies to improve）

166–79
公民对话（civil discourse in）
116–17, 118, 122, 131
活跃的（as active）159–60, 161–62
经济增长（economic growth in）
62
掠夺的国家（nations predating）
136
民族身份（national identity in）
130–31, 136, 138–39, 142–62,
166–79
内部的民族主义（nationalism
within）69, 74–75, 79–80,
119–22
平等激情的兴起（rise of isothymia
in）22, 60
全球衰落（global decline of）xi, 5–6
人类潜能运动（human potential
movement in）91–104
社会运动（social movements in）
105–10
未能兑现理想（failure to live up to
ideals by）xiii, 47–48, 104, 164
宪法（constitutions in）51–52
信条身份，见民族身份 creedal
identities in, see national identity
要求的国家（states required for），
138–39
优越激情的出口（outlets for
megalothymia in）xiv
犹太人作为传承者（Jews as
bearers of）66
有益的非理性（irrationality as
beneficial to）131

政治正确（political correctness in）
116–19
自由（freedom in）46, 48
尊严（dignity in）40–41, 50–56,
106
左翼的衰落（decline of left in）
76–80, 89–90, 112–14
民主党（美国）（Democratic Party [U.S.]）
90, 117, 132
民族的形成（nations, formation of）
136–37, 140–43
民族身份（national identity）124–62,
166–79
边界与（borders and）136–37, 141
兵役与（service and）174
公民身份与（citizenship and）142,
148–50, 157, 166–69, 175, 177,
196n2
后民族身份 vs.（postnational
identity vs.）137–38, 143–45,
169
来自民族身份的经济发展
（economic development from）
129, 193n5
内部的多样性（diversity within）
126–28, 133, 136, 137, 141, 143,
146, 171
缺乏民族身份情况下的腐败
（corruption without）129
使福利成为可能（welfare made
possible by）130
双重公民身份对民族身份的削弱
（dual citizenship's undermining
of）168–69

索引

体育与（sports and）142
同化（assimilation to）141, 143, 161, 166–78
为了民族身份的教育（education for）63, 126, 142
无民族身份的安全问题（security issues without）128–29, 171
移民与（immigration and）131–33, 134–35, 138, 142, 143, 145–52, 153–54, 158, 161, 170–78
由民族身份构建的信任（trust built by）130
语言与（language and）62–63, 64, 125, 126, 141, 147–48, 158, 173, 196n4
在非洲（in Africa）125–26, 129
在美国（in U.S.）153–62, 167, 168, 170, 172–78
在民主国家（in democracies）128, 130–31, 136, 138–39, 142–62
在欧洲（in Europe）143–53, 166, 167, 171–72, 175
在亚洲（in Asia）126, 129
在中东（in Middle East）123–25, 129
族裔民族主义 vs.（ethno-nationalism vs.）128, 137, 143, 151, 169
作为文化（as culture）54–56, 138–39, 156–62
民族主义，民粹主义的（nationalism, populist）6, 59–68, 72, 128, 137
21世纪（twenty-first-century）74–75

城市化与（urbanization and）63–65, 66, 120
定义（definition of）62
反移民的（as anti-immigrant）131–33
赫尔德的贡献（Herder's contribution to）59–61
怀旧与（nostalgia and）64–65
激情与（thymos and）xiii, xv, 22, 85–90
民主作为工具（democracy as tool for）69, 74
内部温和派（moderates within）177–78
普遍尊严 vs.（universal dignity vs.）59, 61–62
身份政治与（identity politics and）xv, 9, 119–22
生物学理由（biological justifications for）137, 141
心理根源（psychological root of）56, 65, 69, 87–90
语言与（language and）62–63, 64
在德国（in Germany）61, 63–67
在美国（in U.S.）x, xi–xii, 74, 79, 87–90, 119–22, 132–33, 154, 159, 167, 170
中产阶级的角色（middle-class role in）85–90
作为对殖民主义的回应（as response to colonialism）67
作为集体身份（as collective identity）57–58, 86
作为文化骄傲（as cultural pride）

60, 61, 89
摩洛哥，来自此处的移民（Morocco, emigrants from）145
墨西哥，边界（Mexico, border of）132–33, 136
默克尔，安吉拉·（Merkel, Angela）116
穆罕默德·布阿齐兹（Mohamed Bouazizi）42, 43–44, 49, 57
穆罕默德·布耶里（Mohammed Bouyeri）146
穆斯林（Muslims）148
　　对穆斯林的恐惧（fear of）6, 132, 146, 154
　　在欧洲（in Europe）68–73, 114, 120, 121, 145–47, 148–51, 171
　　宗派（sects of）71, 125
穆斯林兄弟会（Muslim Brotherhood）43, 58, 68–69

N
拿破仑（Napoleon）40, 57
纳粹（国家社会主义党）（Nazis [National Socialist Party]）72
　　思想谱系（intellectual lineage of）60–61, 65–67
　　新纳粹（neo-）154
纳尔逊·曼德拉（Nelson Mandela）xiv, 142
纳伦德拉·莫迪（Narendra Modi）75
奈杰尔·法拉奇（Nigel Farage）152
南非（South Africa）44, 142, 179
　　宪法（constitution of）51–52
难民（refugees）121, 138
　　叙利亚（Syrian）116, 124, 132

尼采（Nietzsche）xiii, 66, 98
　　论道德法则（on moral law）54–55, 56
尼尔·斯蒂芬森（Neal Stephenson）181–82
尼古拉斯·马杜罗（Nicolás Maduro）76
尼赫鲁（Nehru）141
尼基塔·赫鲁晓夫（Nikita Khrushchev）112
尼日利亚（Nigeria）84, 126
奴隶制（slavery）22, 60, 108, 156–57
　　辩护（defense of）118, 156
挪威（Norway）132n
诺曼·奥恩斯坦（Norman Ornstein）117
女性主义（feminism）105, 106, 108–109, 111, 118
　　论性暴力（on sexual violence）8, 19, 114–15
　　深处的承认（recognition at root of）81–82

O
欧盟（European Union）3, 132, 143–53, 167
　　边界（borders of）132, 175, 197n9
　　不民主的（as undemocratic）144, 167
　　反欧盟的政治运动（political movements against），见"英国脱欧"
　　工作周（work week in）196n23
　　公民身份（citizenship in）167

索引

民族主义被制衡（nationalism kept in check by）62
乌克兰与（Ukraine and）45, 46
希腊破产与（Greece's insolvency and）5, 145
形成（formation of）143–44
欧内斯特·盖尔纳（Ernest Gellner）63, 67, 79–80
欧亚经济联盟（Eurasian Economic Union）45
欧元危机（euro, crisis over）145
欧洲（Europe）：
　被殖民（colonization by）67
　仇恨言论（hate speech in）118
　公民身份（citizenship in）148–50, 167, 197n9
　民族身份（national identity in）143–53, 167
　民族主义（nationalism in）59–67, 72, 89–90, 120, 121, 131–32, 166–67
　民族族裔（national ethnicities in）151, 169
　穆斯林（Muslims in）68–73, 114, 120, 121, 145–47, 148–51
　难民（refugees in）116, 124, 132
　同化（Europe: assimilation in）166–69, 171–72
　外国出生人口（foreign-born population in）134–35
　现代化（modernization of）27–28, 34–36, 62–66
　移民辩论（immigration debate in）131–32, 138–39, 148

左翼衰落（decline of left in）76, 90, 105–106, 112–14, 116
欧洲边境管理局（Frontex）175
欧洲广场运动（Euromaidan movement）45–46, 58

P

皮埃尔·马南（Pierre Manent）136
皮姆·富图恩（Pim Fortuyn）146
平等（equality）47–48
　被压制的国家权利（states rights trumped by）157
　不满（dissatisfaction with）164
　国际权利（international right to）137–38
　私有财产的影响（private property's effect on）31
　另见"身份政治""权利"
平等激情（isothymia）xiii, xv, 22–23
　另见"平等"
平价医疗法案（Affordable Care Act）178

Q

启蒙（Enlightenment）54, 158
　文化左翼的拒绝（cultural left's rejection of）114, 169
乔治·奥威尔（George Orwell）181, 182
乔治·华盛顿（George Washington）156
青民盟党（匈牙利）（Fidesz [Hungary]）xi, 131
穷人（poor people）4, 83–84, 87

寻求尊严（dignity sought by）
82–90, 178
政治组织的难度（difficulty of organizing politically）85
另见"经济不平等"
去工业化，随后的社会病（deindustrialization, social ills following）87
权利（rights）xiii, 46–48
被排除（exclusion from）22, 23, 61, 91, 106, 133, 136, 170–71
法国大革命与（French Revolution and）40
给非公民的（for noncitizens）173, 176, 197n9
国际的（international）132, 137–38, 173
内在自我体现为（inner self embodied in）41
选举权（to vote）106, 173–74
全球化（globalization）3–4, 11, 71, 137, 165
不平等与（inequality and）7, 77

R
让·莫内（Jean Monnet）143
让—保罗·萨特（Jean-Paul Sartre）106
让—雅克·卢梭（Jean-Jacques Rousseau）15, 57, 59, 94, 136
论人性（on human nature）29–34, 61, 92, 97–98, 187n11
论自主（on autonomy）53–54, 110
人类潜能运动（human potential movement）93–96, 190n1
人性（human nature）：
基督教理论（Christian theories of）26–29, 38
哲学理论（philosophical theories of）15–24, 29–34, 39–41, 109–10, 187n11
心理学理论（psychological theories of）16, 56, 65, 93–104
经济学理论（economic theories of）11–15
日本（Japan）51, 75
民族身份（national identity in）126, 129, 136, 150, 193n5
前往日本的移民（immigration to）135, 150
瑞典（Sweden）83
瑞士（Switzerland）150

S
撒哈拉以南非洲（sub-Saharan Africa）44, 125–26, 129
经济（economy of）77, 83, 129
萨拉·佩林（Sarah Palin）159
塞缪尔·亨廷顿（Samuel Huntington）3, 85, 160–61
赛博朋克（cyberpunk）181–82
三K党（Ku Klux Klan）120
三权分立（checks and balances）xiv, 48
错用（misuse of）x, 177, 197n11
沙斯党（以色列）（Shas [以色列]）75
沙特阿拉伯（Saudi Arabia）71, 125
《善恶的彼岸》（尼采）（Beyond Good and Evil [Nietzsche]）55

《少年维特的烦恼》(歌德)(Sufferings of Young Werther [Goethe]) 54
少数(minorities),见"边缘化群体"
社会(society) 32
  对身份重要(as primary to identity) 35, 56, 63–64, 95–98
  卢梭论其发展(Rousseau on development of) 30–34
  最起码的共同文化(minimal common culture necessary to) 55–56
  作为身份的补充(as secondary to identity) 9–10, 23–24, 34–37, 93
《社会契约论》(卢梭)(The Social Contract [Rousseau]) 31
社会主义(socialism) 47–48, 62, 66, 79
  衰落(decline of) 76, 90, 112–13
社交媒体(social media) 110, 117, 121, 147, 179–82
申根制度(Schengen system) 132, 175
身份(identity) 25–36, 122
  关键因素(key elements of) 37, 40–41
  扩散(proliferation of) 105–123, 165
  卢梭论身份(Rousseau on) 29–34
  民族的(national),见"民族身份"
  情绪性(emotionality of) 131
  妥协的难度(difficulty of compromise about) 179
  现代化的影响(modernization's effect on) 27–28, 34–36, 62–73, 110, 164
  信任与(trust and) 130

  宗教改革的影响(Reformation's effect on) 26–29
身份政治(identity politics) xv–xvi, 105–123
  必要性(necessity of) 114–15, 166
  兴起(rise of) 3–11, 105, 118
  不可避免性 unavoidability of, 163–64, 182–83
  定义(definition of) 9–10
  对身份政治的关切(concerns with) 115–23, 158–59, 170–71, 178–79
  个人的 vs. 集体的(individual vs. collective) 50, 56–58, 59, 106–107
  基本的生活体验(lived experience at root of) 32, 109–10
  基于民族群体的(based on national group) 59–67, 107
  基于宗教的(based on religion) 67–73, 107
  激情与(thymos and) 18–19, 22
  技术变革与(technological change and) 179–82
  右翼拥抱的(embraced by right wing) 118–22, 159
  治疗模式与(therapeutic model and) 91–104
  左翼谱系 vs.(left-right spectrum vs.) 6–7
  作为当前政治斗争的涵盖(as umbrella for current political struggles) 10, 182–83
生活体验(lived experience) 32, 108,

109–10
　　共同经验 vs.（shared experience vs.）111, 166
生活体验 vs. 经验（Erfahrung vs. Erlebnis）109–10
圣战（jihadis）70–73, 146–47
　　另见"伊斯兰主义"
世界大战（world wars）67, 79, 143, 155
世界贸易组织（World Trade Organization）3
《世界人权宣言》（Universal Declaration of Human Rights）137–38, 175
世俗主义（secularism）54–55, 92–93, 96–99, 113–14, 120
市场经济（market economy）：
　　不平等（inequality in），见"经济不平等"
　　多样性（diversity in）129–30 平等（equality in）47, 48
　　流动性（mobility in）4, 62, 63, 110, 132
　　民族主义（nationalism in）62–65
　　选择（choice in）55, 56, 64, 68, 164–65
　　语言（language in）63
　　组建欧盟以促进（EU formed to support）143–44 全球的（global），见"全球化"
　　左翼接受（left-wing acceptance of）76, 113
　　作为优越激情的宣泄出口（as outlet for megalothymia）xiv
双重国籍（dual citizenship）168–69, 196n2

司法体系，独立的（judicial systems, independent）48
私有财产（private property）30–31, 34, 62
斯大林（Stalin）49
斯蒂芬·道格拉斯（Stephen Douglas）156–57
斯堪的纳维亚（Scandinavia）75, 106, 130
斯科特·沃克（Scott Walker）88
斯里兰卡（Sri Lanka）75
斯坦福大学（Stanford University）102–103
苏格拉底（Socrates）15–18, 20, 21, 32, 37
苏格兰（Scotland）129, 196n4
索马里（Somalia）125

T
他信·西那瓦（Thaksin Shinawatra）86
塔那希西·科茨（Ta-Nehisi Coates）108
《塔拉迪加之夜》（Talladega Nights）120
泰国（Thailand）5, 75, 86–87
坦桑尼亚（Tanzania）141
唐纳德·特朗普（Donald Trump）：
　　被特朗普利用的怨恨（resentment used by）8–9, 119–20
　　民意支持（populism of）ix–xi, 6, 74, 79, 132–33, 159, 167
　　普京与（Putin and）9, 193n4
　　特朗普治下白人民族主义的兴起（rise of white nationalism under）120–22, 154

索 引

性格（character of）x, xiv–xv, 99, 119, 167
    中产阶级的支持（middle-class support for）88
提奥·梵高（Theo van Gogh）146
天主教会（Catholic Church）26–27, 151, 155, 188n2
同化（assimilation）166–78
    威胁（deterrents to）150–51, 153, 161, 167–69, 171–74
    失败的（failed）70–73, 166
    成功的（successful）141, 170
同性恋权利运动（gay rights movement）19, 105, 150
    穆斯林 vs.（Muslims vs.）146, 148, 150
头巾（hijab）69, 72
突尼斯（Tunisia）xi, 43, 69
    "阿拉伯之春"（Arab Spring in）42–43, 57, 163, 180
土耳其（Turkey）xi, 5, 69, 74
    来自土耳其的移民（emigrants from）145, 150, 169
    叙利亚与（Syria and）124, 125
托马斯·E. 曼（Thomas E. Mann）117
托马斯·霍布斯（Thomas Hobbes）15, 52–53, 136
    关于人性（on human nature）32, 39
托马斯·杰斐逊（Thomas Jefferson）155
托马斯·曼（Thomas Mann）66
托马斯·佩恩（Thomas Paine）155, 156
托马斯·皮凯蒂（Thomas Piketty）77

W

瓦尔特·本雅明（Walter Benjamin）109
威尔·费雷尔（Will Ferrell）120
威尔士（Wales）196n4
威廉·霍姆斯·伯德斯（William Holmes Borders, Sr.）108
威廉·吉布森（William Gibson）181
威权主义（authoritarianism）xi, 5–6, 49, 57–58
    在阿拉伯世界（in Arab world）42–44, 124–25
维克多·奥尔班（Viktor Orbán）xi, 7–8, 9, 74, 131, 151–52
维克多·亚努科维奇（Yanukovych, Viktor）45–46
维也纳（Vienna）128
委内瑞拉（Venezuela）76
文化挪用（cultural appropriation）117, 192n15
文森特·梵高（Vincent van Gogh）54
《我们是谁》（亨廷顿）（Who Are We? [Huntington]）160
乌戈·查韦斯（Hugo Chávez）76
乌克兰（Ukraine）xi, 44–46, 57, 58, 141, 180
乌萨玛·本·拉登（Osama bin Laden）70
无家可归（homelessness）84

X

西班牙（Spain）144, 146
    加泰罗尼亚与（Catalonia and）129, 137
西方文化，对此的批评（Western

culture, critiques of）102–103, 114, 115
西格蒙德·弗洛伊德（Sigmund Freud）16, 97, 128
希腊（Greece）5, 145, 175
西蒙·德·波伏娃（Simone de Beauvoir）109–10
西蒙·库兹涅茨（Simon Kuznets）77
西摩·马丁·李普塞特（Seymour Martin Lipset）170
现代化，创建的身份（modernization, identity created by）27–28, 34–36, 62–73, 110, 164
宪法（constitutions）47, 49, 51–52
　　美国宪法（of U.S.）xiv, 91, 105, 118, 133, 136, 156, 168
乡村人口（rural people）8–9, 87–88, 119–20, 159, 178
心理学（psychology），见"治疗模式"
新加坡（Singapore）49, 193n5
新教徒（Protestants）26–29, 36, 152–53
　　在荷兰（in Netherlands）151
　　在美国（in U.S.）155, 161
新西兰的原住民（indigenous population of New Zealand）140, 142
新自由主义（neoliberalism）xii, 77
性暴力（sexual violence）8, 19, 115, 122, 166
匈牙利（Hungary）xi, 5, 7–8
　　民族主义（nationalism in）74, 120, 131, 151–52
羞耻（shame）18, 31, 95
叙利亚（Syria）5, 43, 70, 124–25, 128
　　来自叙利亚的难民（refugees from）116, 124, 132
政治化宗教（politicized religion in）75, 146–47
选举权（voting rights）106, 173–74
选择，道德的（choice, moral）55–56
城市化创造的（created by urbanization）64
加尔文主义缺乏的（lack of in Calvinism）51n
尊严与（dignity and）38–41, 47, 51
《雪崩》（斯蒂芬森）（Snow Crash [Stephenson]）181–82

Y
《1984》（奥威尔）（1984 [Orwell]）181, 182
亚伯拉罕·马斯洛（Abraham Maslow）93
亚当·斯密（Adam Smith）36, 82–83, 84, 178
亚历克西·德·托克维尔（Alexis de Tocqueville）85, 159–60
亚历山大·汉密尔顿（Alexander Hamilton）188n3(6)
亚罗斯瓦夫·卡钦斯基（Jaroslaw Kaczynski）xi, 74
亚兹迪（Yazidi）125
言论自由，身份政治作为威胁（free speech, identity politics as threat to）116–17, 118–19
"颜色革命"（"color revolutions"）44, 180
《耶稣传》（施特劳斯）（Life of Jesus

索引

[Strauss])54
也门（Yemen）5, 43, 76, 125
《一个孤独漫步者的遐想》（卢梭）(Reveries of a Solitary Walker [Rousseau])31–32
伊拉克（Iraq）xi, 5, 124, 125
　　政治化宗教（politicized religion in）75, 146
伊朗（Iran）49, 125, 180
伊曼努尔·康德（Immanuel Kant）52, 136
　　论道德选择（on moral choice）37, 39, 51, 92
　　论平等（on equality）59, 60
伊莎兰学院（Esalen Institute）101, 190n1
伊斯兰的国家（Nation of Islam）107–108
"伊斯兰国"（Islamic State）5, 75, 125, 146
　　"阿拉伯之春"与（Arab Spring and）43, 75
　　伊斯兰主义（Islamism）5–6, 67–73, 75, 146–47, 148
　　怨恨与（resentment and）8, 70
　　作为身份政治（as identity politics）xv, 8, 57–58, 68–71, 114, 120
移民（immigration）134–35, 142, 143, 158, 161, 166–78
　　反移民政治运动（political movements against）6, 89, 116, 121, 131–33, 145–51, 153–54, 171, 177–78
　　全球化与（globalization and）4

挺移民的政治运动（political movements for）105, 111, 114, 138, 166, 171, 173, 176–77 无证件者（undocumented）173, 176, 197n9
以色列（Israel）51, 70, 75, 148
以色列正教党（Agudath Israel）75
艺术（art）54, 55, 181–82
意大利（Italy）51, 141, 143, 175
印度（India）4, 67, 75, 179
　　民族身份（national identity in）128, 141
印度尼西亚（Indonesia）75, 141
印度人民党（Bharatiya Janata Party, India）75
英国（Britain）129, 132n, 136, 152–53, 196n4
　　避免的民族主义（nationalism avoided by）72
　　隔离学校（segregated schools in）171–72
　　工业化（industrialization in）62
　　经济不平等（economic inequality in）77, 79
　　伊斯兰主义暴力（Islamist violence in）146, 147
　　拥抱民族主义（nationalism embraced by）ix, 6, xi–xii, 74–75, 120, 131
英国独立党（UK Independence Party）152
英国脱欧（Brexit）ix, xi–xii, 6, 74–75, 131
　　根源（roots of）152–53

英拉·西那瓦（Yingluck Shinawatra）86
优越激情（megalothymia）xiii–xv,
21–22, 85, 95
　　另见"民族主义""承认"
犹太人（Jews）：
　　对犹太人反感（antipathy toward）
　　　66, 118, 148
　　支持犹太人（support for）120,
　　　171
右区党（乌克兰）(Right Sector [Ukraine])
　　58
雨果·冯·霍夫曼斯塔尔（Hugo von
　　Hofmannsthal）128
语言（language）：
　　多样性（diversity of）64, 141, 146,
　　　147–48, 156, 173, 197n7
　　共同语言的必要性（necessity of
　　　common）56, 63, 126, 141, 150,
　　　154–55, 158
　　民族主义与（nationalism and）62,
　　　66
　　为了民族性（for nationalities）
　　　196n4
　　殖民主义与（colonialism and）67,
　　　127
原住民（indigenous peoples）105, 118,
　　140–41
约旦（Jordan）124
约翰·巴斯孔塞洛斯（John
　　Vasconcellos）93
约翰·戈特弗里德·冯·赫尔德（Johann
　　Gottfried von Herder）59–61,
　　188n3(7)
约翰·杰（John Jay）154–55, 158

约翰·洛克（John Locke）15, 32, 136
约翰·斯图亚特·穆勒（John Stuart
　　Mill）136
越界（intersectionality）111
越南（Vietnam）65, 67, 113

Z

扎因·阿比丁·本·阿里（Zine El
　　Abidine Ben Ali）43, 57
"占领华尔街"运动（Occupy Wall
　　Street, movement）79
正义（justice）16
　　被自恋削弱（undermined by
　　　narcissism）99
　　同工同酬作为正义的标志（equal
　　　pay as marker of）82
　　治疗模式对正义的冷
　　　漠（therapeutic model's
　　　indifference to）103
正义与发展党（土耳其）(Justice and
　　Development Party [Turkey])69
政治正确（political correctness）116–19
《政治秩序的起源》（福山）(The Origins
　　of Political Order [Fukuyama])xii–xiii
《政治秩序与政治衰败》（福山）(Political
　　Order and Political Decay [Fukuyama])
　　xii–xiii
殖民主义（colonialism）67
　　对殖民主义的批判（critique of）
　　　114
　　殖民主义的后果（aftermath of）
　　　125–26
治疗模式（therapeutic model）91–104
　　反弹（backlash to）101

索引 215

　　国家对治疗模式的拥抱（the
　　　state's embrace of）93–96,
　　　100–102, 111
　　社会身份（social identities in）16,
　　　56, 107
　　在学术界（in academia）102–103
　　宗教对治疗模式的拥抱（religion's
　　　embrace of）99–100
　　作为新宗教（as new religion）
　　　96–99
智利（Chile）140, 193n5
中产阶级（middle class）86n, 112
　　政治选择（political choices of）
　　　77–79, 85–90
中东（Middle East）69, 72, 76, 123–25,
　　129
　　"阿拉伯之春"（Arab Spring in）5,
　　　57–58, 75
　　现代化（modernization of）67–68
　　另见"伊斯兰主义"
中国（China）：
　　城市化（urbanization of）65
　　民族身份（national identity in）
　　　126, 129, 193n5
　　市场经济（market economy in）
　　　113
　　中产阶级（middle class in）4
　　族裔（ethnicity in）141
钟万学（Basuki Tjahaja Purnama [Ahok]）
　　75
种族清洗（ethnic cleansing）49, 140–41
种族主义（racism），见"公民权利运动"
　　"移民：反移民政治运动""民族主
　　义""警察暴力"

朱利叶斯·朗本（Julius Langbehn）66
资本主义（capitalism），见"市场经济"
自恋（narcissism）98–99
自我，内在（self, inner）：
　　被身份塑造的（shaped by
　　　identities）108–11
　　基督教的（Christian）26–29, 53
　　评价（valuing of）9–10, 23–24,
　　　34–36, 37, 93, 95–98
　　社会的（as social）56, 107
　　世俗的（secular）29–34, 53
自由（freedom）46–48, 52
　　集体的（collective），见"身份政
　　　治""伊斯兰主义""民族主义"
　　另见"自主"
自由（liberty）55, 101
　　另见"自主""自由"
自由党（奥地利）(Freedom Party
　　[Austrian]）6
自由党（荷兰）(Freedom Party [Dutch]）
　　131, 149
自由党（荷兰）(Party for Freedom
　　[Dutch]）6
自由主义（liberalism）92
　　另见"民主（现代自由）"
自主（autonomy）50–56
　　对自主构成侵犯的文化（for
　　　cultures that impinge on
　　　autonomy）111, 114
自尊（self-esteem）10, 34, 85, 93–104,
　　107
《自尊》（舒勒）(Self-Esteem [Schuller]）
　　100
宗教（religion）89

另见"基督教""穆斯林"
《走向自尊之国》(加利福尼亚州促进自尊和个人社会责任任务力量组织)(*Toward a State of Self-Esteem* [California Task Force to Promote Self-Esteem and Personal Social Responsibility]) 93–96, 98, 190n1
尊严(dignity) 10, 37–41
  道德选择与(moral choice and) 37–39, 47
  地位与(status and) 21, 37, 92, 188n3(6)
  工作对尊严的必要(work as necessary to) 84
  基督教概念(Christian concepts of) 38, 47, 52, 92, 188n2
  美德与(virtue and) 95
  普世化(universalizing of) 37, 40–41, 59
  群体的(conferred on groups) 106–107
  在宪法里(in constitutions) 51–52
  找替罪羊以制造尊严感(scapegoating to create sense of) 66
  另见"承认"
尊严革命(Revolution of Dignity) 45–46, 57, 58
左翼政党(left-wing parties) 76–79, 89–90, 112–14, 178
  内部纷争(infighting among) 117, 192n15
  抛弃的白人工人阶级(white working class abandoned by) 113, 167
  拥抱的身份政治(identity politics embraced by) 105–106, 107, 113–117
佐尔坦·哈伊纳尔(Zoltan Hajnal) 132

理想国译丛

imaginist [MIRROR]

001　没有宽恕就没有未来
　　　[南非]德斯蒙德·图图 著
002　漫漫自由路：曼德拉自传
　　　[南非]纳尔逊·曼德拉 著
003　断臂上的花朵：人生与法律的奇幻炼金术
　　　[南非]奥比·萨克斯 著
004　历史的终结与最后的人
　　　[美]弗朗西斯·福山 著
005　政治秩序的起源：从前人类时代到法国大革命
　　　[美]弗朗西斯·福山 著
006　事实即颠覆：无以名之的十年的政治写作
　　　[英]蒂莫西·加顿艾什 著
007　苏联的最后一天：莫斯科，1991年12月25日
　　　[爱尔兰]康纳·奥克莱利 著
008　耳语者：斯大林时代苏联的私人生活
　　　[英]奥兰多·费吉斯 著
009　零年：1945：现代世界诞生的时刻
　　　[荷]伊恩·布鲁玛 著
010　大断裂：人类本性与社会秩序的重建
　　　[美]弗朗西斯·福山 著
011　政治秩序与政治衰败：从工业革命到民主全球化
　　　[美]弗朗西斯·福山 著
012　罪孽的报应：德国和日本的战争记忆
　　　[荷]伊恩·布鲁玛 著
013　档案：一部个人史
　　　[英]蒂莫西·加顿艾什 著
014　布达佩斯往事：冷战时期一个东欧家庭的秘密档案
　　　[美]卡蒂·马顿 著
015　古拉格之恋：一个爱情与求生的真实故事
　　　[英]奥兰多·费吉斯 著
016　信任：社会美德与创造经济繁荣
　　　[美]弗朗西斯·福山 著
017　奥斯维辛：一部历史
　　　[英]劳伦斯·里斯 著
018　活着回来的男人：一个普通日本兵的二战及战后生命史
　　　[日]小熊英二 著
019　我们的后人类未来：生物科技革命的后果
　　　[美]弗朗西斯·福山 著

020　奥斯曼帝国的衰亡：一战中东，1914—1920
　　　［英］尤金·罗根 著

021　国家构建：21世纪的国家治理与世界秩序
　　　［美］弗朗西斯·福山 著

022　战争、枪炮与选票
　　　［英］保罗·科利尔 著

023　金与铁：俾斯麦、布莱希罗德与德意志帝国的建立
　　　［美］弗里茨·斯特恩 著

024　创造日本：1853—1964
　　　［荷］伊恩·布鲁玛 著

025　娜塔莎之舞：俄罗斯文化史
　　　［英］奥兰多·费吉斯 著

026　日本之镜：日本文化中的英雄与恶人
　　　［荷］伊恩·布鲁玛 著

027　教宗与墨索里尼：庇护十一世与法西斯崛起秘史
　　　［美］大卫·I. 科泽 著

028　明治天皇：1852—1912
　　　［美］唐纳德·基恩 著

029　八月炮火
　　　［美］巴巴拉·W. 塔奇曼 著

030　资本之都：21世纪德里的美好与野蛮
　　　［英］拉纳·达斯古普塔 著

031　回访历史：新东欧之旅
　　　［美］伊娃·霍夫曼 著

032　克里米亚战争：被遗忘的帝国博弈
　　　［英］奥兰多·费吉斯 著

033　拉丁美洲被切开的血管
　　　［乌拉圭］爱德华多·加莱亚诺 著

034　不敢懈怠：曼德拉的总统岁月
　　　［南非］纳尔逊·曼德拉、曼迪拉·蓝加 著

035　圣经与利剑：英国和巴勒斯坦——从青铜时代到贝尔福宣言
　　　［美］巴巴拉·W. 塔奇曼 著

036　战争时期日本精神史：1931—1945
　　　［日］鹤见俊辅 著

037　印尼Etc.：众神遗落的珍珠
　　　［英］伊丽莎白·皮萨尼 著

038　第三帝国的到来
　　　［英］理查德·J. 埃文斯 著

039　当权的第三帝国
　　　［英］理查德·J. 埃文斯 著

040 战时的第三帝国
　　[英] 理查德·J. 埃文斯 著
041 耶路撒冷之前的艾希曼：平庸面具下的大屠杀刽子手
　　[德] 贝蒂娜·施汤内特 著
042 残酷剧场：艺术、电影与战争阴影
　　[荷] 伊恩·布鲁玛 著
043 资本主义的未来
　　[英] 保罗·科利尔 著
044 救赎者：拉丁美洲的面孔与思想
　　[墨] 恩里克·克劳泽 著
045 滔天洪水：第一次世界大战与全球秩序的重建
　　[英] 亚当·图兹 著
046 风雨横渡：英国、奴隶和美国革命
　　[英] 西蒙·沙玛 著
047 崩盘：全球金融危机如何重塑世界
　　[英] 亚当·图兹 著
048 西方政治传统：近代自由主义之发展
　　[美] 弗雷德里克·沃特金斯 著
049 美国的反智传统
　　[美] 理查德·霍夫施塔特 著
050 东京绮梦：日本最后的前卫年代
　　[荷] 伊恩·布鲁玛 著
051 身份政治：对尊严与认同的渴求
　　[美] 弗朗西斯·福山 著